Einzelhandels-prozesse

Arbeitsheft

von
Walter Faulhaber
Bernd Gittel
Rudolf Grimm
Verena Grundey
Ortrud Schweizer-Faulhaber
Thomas Trappe
Peter Zitzmann

unter Mitarbeit der Verlagsredaktion

Inhaltsverzeichnis

Lernfeld 1: Das Einzelhandelsunternehmen repräsentieren

Motive und Anforderungen 3/4
Lernsituation: Lern- und Arbeitstechniken .. 4
Vorschlag für Projektarbeit 5
Rechtliche Rahmenbedingungen für das
Ausbildungsverhältnis 11–13
Berufliche Weiterentwicklungsmöglichkeiten .. 14/15
Güternachfrage als Motor der Wirtschaft 15–17
Arbeitsteilung der Wirtschaft 17
Aufgaben des Einzelhandels 18
Einfacher Wirtschaftskreislauf 19
Markt und Preisbildung 19–21
Ziele und Organisation der Einzelhandelsbetriebe 21–24
Soziale Sicherheit 24/25
Betriebsverfassung 26/27
Ökonomische und ökologische Verantwortung . 28
Unternehmensphilosophie/Unternehmensleitbild 28/29

Lernfeld 5: Werben und den Verkauf fördern

Werbung 30
Lernsituation: Einen Werbeplan erstellen ... 31–34
Verkaufsförderung 34/35
Service 35/37
Verpackung 37–40
Warenzustellung 40–42
Vorschläge für Projektarbeiten 42

Lernfeld 6: Waren beschaffen

Lernsituation: Planung von Einkaufsmengen .. 43
Planung der Warenbeschaffung 43/44
Kaufvertragsarten 45
Anfrage und Angebot 46–50
Bestellung und Bestellungsannahme 51
Kaufvertrag 52/53
Schriftverkehr 54–56

Lernfeld 7: Waren annehmen, lagern und pflegen

Warenannahme 57–59
Nicht-Rechtzeitig-Lieferung 60–63
Schlechtleistung 64–67
Aufgaben und Arten der Lagerhaltung 68–70
Inventar und Inventur 71/72
Lagerbestandsarten 72/73
Lagerkennzahlen 73/74

Lernfeld 9: Preispolitische Maßnahmen vorbereiten und durchführen

Preisangabenverordnung 75
Preispolitik 76–79
Warenkalkulation 80/81

Lernfeld 12: Mit Marketingkonzepten Kunden gewinnen und binden

Marketing 82–84
Marktuntersuchung 85–88
Marketinginstrumente 89
– Sortimentspolitik 89
– Preispolitik 90/91
– Werbung 91/92
– Puplic Relations 92
– Salespromotion 94
– Kundenservice 94
– Präsentation im „Tagesgeschäft" 94
Marketingmanagement 95
– Marketingmix 95
– Kundenbeziehungsmanagement 95
– Marketingkonzepte 98
Internetnutzung 99–102

Lernfeld 13: Personaleinsatz planen und Mitarbeiter führen

Direkte und indirekte Aussagen 103
Verbale, nonverbale Aussagen 104–106
Personalwirtschaftliche Ziele 107/108
Personalbedarfsermittlung 109/110
Externe Personalbeschaffung 111
Beurteilung der Bewerbungsunterlagen .. 112/113
Auswahlkriterien 114
Beendigung von Arbeitsverhältnissen 115–118
Entgeltabrechnungen 118–121

Lernfeld 14: Ein Einzelhandelsunternehmen leiten und entwickeln

Kaufmännische Vorüberlegungen 122/123
Kaufmannseigenschaft 124
Firma 124–126
Handelsregister 126
Rechtsformen 127–131
Unternehmerische Zielsetzungen 132
Entscheidungsbefugnisse 133
Finanzierung des Unternehmens 133–137
Zahlungsverzug 138
Außergerichtliches Mahnverfahren 139/140
Gerichtliches Mahnverfahren 140–142
Verjährung von Forderungen 142/143
Unternehmenskrisen im Einzelhandel 144/145

LF 1

Motive und Anforderungen

Lernfeld 1: **Das Einzelhandelsunternehmen repräsentieren**

Motive und Anforderungen

1 Sie haben eine Ausbildung zum Kaufmann/zur Kauffrau im Einzelhandel (bzw. Verkäufer/Verkäuferin) begonnen. Stellen Sie dazu einige Gesichtspunkte nach folgender Anleitung zusammen:

a Was hat Sie dazu bewegt, gerade diesen Beruf als Ausbildungsberuf zu wählen?

....

....

b Welche Anforderungen werden bei der Berufsausbildung an Sie gestellt werden?

Tragen Sie aus der folgenden Auswahl die (6) Anforderungen unten in die Tabelle ein, die von Auszubildenden unter allen Umständen voll zu erfüllen sind, und geben Sie dazu jeweils mindestens eine Begründung an.

Fröhlichkeit	Freundlichkeit	Selbstbehauptung
Zurückhaltung	Witzigkeit	Pünktlichkeit
Höflichkeit	Lernbereitschaft (u. a. Waren-	Gewissenhaftigkeit
Durchsetzungsvermögen	kenntnisse, Verkaufstechnik,	Ehrgeiz
Sprachgewandtheit	rechtliche Zusammenhänge)	Erscheinungsbild

Anforderung	Begründung

c Welche Berufsziele haben Sie für Ihr weiteres Leben?

	Welches Berufsziel habe ich mit …	Welches Einkommen erhoffe ich mir mit …
20 Jahren		
30 Jahren		
40 Jahren		

LF 1

Lernsituation: Lern- und Arbeitstechniken

2 Bereiten Sie ein freies Kurzreferat vor über das Thema: **Mein Weg zum beruflichen Erfolg.** Berücksichtigen Sie darin Ihre Beweggründe zur Berufsentscheidung, Ihre Zielvorstellung, Ihren persönlichen Beitrag sowie Ihre Erwartungen, wie Ihre Umgebung (Arbeitgeber, Eltern, Schule) Ihre Vorstellungen unterstützt.

a Erklären Sie, inwieweit Sie mit Ihrer persönlichen Motivation Ihrem Unternehmen nützlich sind:

b Welche fachlichen Kompetenzen können Ihnen auf dem Weg zum beruflichen Erfolg nützlich sein?

Lernsituation: Lern- und Arbeitstechniken

Beschreibung der Lernsituation:
Sie erhalten von Ihrem Ausbilder den Auftrag, sich über Artikel Ihres Sortiments so zu informieren, dass Sie wesentliche für den Verkauf wichtige Elemente im Verkaufsgespräch einbringen können.

Aufgabenstellungen:

1. Benennen Sie einen geeigneten Artikel Ihres Kernsortiments, über den Sie sich informieren.

2. Was wird den Kunden an diesem Artikel interessieren?

3. Nennen Sie alle möglichen Informationsquellen und stellen Sie das Informationsmaterial zusammen.

4. Eignen Sie sich das maximale Wissen über den Artikel an. Beschreiben Sie die Methoden, wie Sie dabei vorgehen:
   a) Wiederholung

Vorschlag für Projektarbeit LF 1

b) Zielsicherung

c) Interesse

d) Motivation

e) Stellen Sie Ihr Wissen über den Artikel in geeigneter Form dar (Gliederung, Mindmap).

f) Versuchen Sie in einem Rollenspiel, einen Mitschüler von dem Artikel zu überzeugen – notieren Sie dazu die wichtigsten Argumente.

Vorschlag für Projektarbeit:

Sie sind bereits längere Zeit im Servicebereich Kasse eingesetzt. Ihre Aufgabe ist es, für neue Auszubildende Ihren Tätigkeitsbereich anschaulich darzustellen. In einem betriebswirtschaftlichen Buch stoßen Sie dabei auf die folgende Darstellung:

Die Bedeutung des Servicebereichs Kasse für das Einzelhandelsunternehmen

Der Servicebereich Kasse hat für ein Einzelhandelsunternehmen eine zentrale Bedeutung. Dort findet in der Regel der Abschluss des Kaufvertrages statt. Wenn Käufer und Verkäufer sich einig sind bei Artikel, Preis und gegebenenfalls weiteren Bedingungen, folgen dementsprechend die Zahlung und die Übergabe. Bei eventuell auftretenden Unregelmäßigkeiten wird immer geprüft werden müssen, was bei Vertragsabschluss vereinbart wurde.

LF 1

Vorschlag für Projektarbeit

Die Kasse ist auch der Ort, an dem das Geld aus den Verkäufen eingenommen wird. Dabei werden an die Kassierer/-innen hohe Anforderungen gestellt. Man erwartet allgemeine Kompetenzen wie Rechenfähigkeit, Konzentrationsfähigkeit und höchste Sorgfalt. Außerdem sind spezielle Kenntnisse im Umgang mit Bargeld, Electronic Cash (EC) und anderen Zahlungsformen erforderlich.

Gleichzeitig mit den Verkäufen findet an der Kasse die Erfassung der wichtigsten Mengen- und Wertveränderungen statt. Nur so ist es nämlich beispielsweise am Monatsende möglich, Aufschluss über den Verkaufserfolg zu erhalten; das heißt, die Verkaufserlöse liegen nach Abzug der Umsatzsteuer über den erforderlichen Aufwendungen für Wareneinkäufe und den Handlungskosten (Personalkosten, Raumkosten, Steuern und Versicherungen, Verwaltungskosten und Sonstiges). Die Erfassung der Mengenänderungen in der Warenwirtschaft bewirkt eine aktuelle Bestandsaufzeichnung und eine wirtschaftliche Bevorratung.

Schließlich stellt der Bereich Kasse meist noch die letzte und damit oft die wichtigste Möglichkeit für den Einzelhändler dar, sich von seiner besten Seite zu zeigen. Wenn der Kunde einen guten Eindruck mitnimmt, wird er das Geschäft weiterempfehlen und wiederkommen. Dies wird gefördert durch unser freundliches Auftreten, durch unser offensichtliches Bemühen um die Zufriedenheit des Kunden und gegebenenfalls durch zusätzliche Gefälligkeiten.

1 Bereiten Sie den Text auf:

a Unterstreichen Sie die wichtigsten Aussagen (maximal 4–6 Unterstreichungen).

b Markieren Sie die vier wichtigsten Aussagen <u>gelb</u> und die wichtigsten dazugehörigen Unterpunkte mit einer anderen Farbe.

c Erstellen Sie ein Exzerpt, indem Sie die wichtigsten Stichworte aus dem Text herausschreiben (in die linke Spalte der folgenden Tabelle).

d Entwickeln Sie zu dem Exzerpt den dazugehörigen Text aus dem Gedächtnis.

e Referieren Sie auf der Basis des Exzerpts frei über das Thema; bereiten Sie das Referat durch eine stichpunktartige freie Darstellung vor (in die rechte Spalte der Tabelle).

Exzerpt	Stichpunkte für Ihr Referat
<u>Abschluss des Kaufvertrages</u> o regelmäßige Folgen o Unregelmäßigkeiten	
<u>Geld aus den Verkäufen, hohe Anforderungen</u> o allgemeine Kompetenzen o spezielle Kenntnisse	

Vorschlag für Projektarbeit LF 1

Exzerpt	Stichpunkte für Ihr Referat
Erfassung der wichtigsten Mengen- und Wertveränderungen o Werterfassung o Mengenerfassung	
Kunde einen guten Eindruck mitnimmt o freundliches Auftreten o Kundenzufriedenheit o zusätzliche Gefälligkeiten	

2 Zeichnen Sie zu dem dargestellten Sachverhalt eine Mindmap. Nach einem freien Entwurf bedienen Sie sich nach Möglichkeit einer entsprechenden Software.

3 Bei der Erstellung der Präsentation über den Servicebereich Kasse möchten Sie gerne die Erfahrung anderer Auszubildender nutzen. Sie verständigen sich darauf, eine Präsentation gemeinsam zu entwickeln, die auch die Erfahrungen aus verschiedenen Betrieben berücksichtigt. Allgemeine Aussagen sollen durch Erfahrungen aus dem Betrieb ergänzt werden (z. B. „Bei uns im Betrieb ..."). Die Wahl der Medien liegt in Ihrem Ermessen.

LF 1
Vorschlag für Projektarbeit

a Zunächst ist es notwendig, die Aufgaben zu verteilen. Dazu können Sie die Aufstellung der folgenden Seite benutzen.

Projekt: .... Termin: ....

....

....

Mitglieder					
Rolle (Zutreffendes unterstreichen)	Mitglied Moderator Referent Korreferent	Mitglied Moderator Referent Korreferent	Mitglied Moderator Referent Korreferent	Mitglied Moderator Referent Korreferent	Mitglied Moderator Referent Korreferent
Aufgaben/ Termin:					
Informations-beschaffung	○	○	○	○	○
Informations-auswahl	○	○	○	○	○
Informations-aufbereitung	○	○	○	○	○
Gliederung/ Struktur	○	○	○	○	○
Informations-darstellung	○	○	○	○	○
Raum-belegung	○	○	○	○	○
Material-beschaffung	○	○	○	○	○
Material					
Medien					
Bemerkungen (u. a. Bewertung der Arbeit in der Gruppe)					

Vorschlag für Projektarbeit — LF 1

b Worauf achten Sie bei der inhaltlichen Darstellung hinsichtlich:

Aufbau der Präsentation	
Umfang	
Vorkenntnisse und Erwartungen	

c Worauf achten Sie beim Vortrag hinsichtlich:

Erscheinung	
Sprache	
Gesamteindruck	

d Legen Sie Inhalte stichpunktartig fest.

Vorwort/Einleitung:	
• Angabe bzw. Erläuterung des Themas	
• Angabe des methodischen Aufbaus	
• Schwerpunkte	
• gegebenenfalls Ziele der Arbeit	

LF 1

Vorschlag für Projektarbeit

Hauptteil mit systematisch strukturierten Abschnitten:

1. Abschluss des Kaufvertrages

   o regelmäßige Folgen
   o Unregelmäßigkeiten

2. Geld aus den Verkäufen

   o hohe Anforderungen
   o allgemeine Kompetenzen
   o spezielle Kenntnisse

3. Erfassung der wichtigsten Mengen- und Wertveränderungen

   o Werterfassung

   o Mengenerfassung

4. Kunde einen guten Eindruck mitnimmt

   o freundliches Auftreten
   o Kundenzufriedenheit

   o zusätzliche Gefälligkeiten

Schluss

Rechtliche Rahmenbedingungen für das Ausbildungsverhältnis

1 Die Berufsausbildung hat eine breit angelegte berufliche Grundbildung und die für die Ausübung einer qualifizierten beruflichen Tätigkeit notwendigen fachlichen Fertigkeiten und Kenntnisse in einem geordneten Ausbildungsgang zu vermitteln. Sie hat ferner den Erwerb der erforderlichen Berufserfahrung zu ermöglichen.

In welchem Gesetz finden wir diese Regelung? _____

2 Was regelt das Berufsbildungsgesetz im Hinblick auf Ausbildende und Auszubildende?

1. _____
2. _____
3. _____
4. _____
5. _____
6. _____

3 In der Bundesrepublik Deutschland findet die Ausbildung an zwei Lernorten statt (= duale Ausbildung).

a Welche Ausbildungsschwerpunkte sind jeweils vorgesehen…

…im Betrieb	
…in der Berufsschule	

b Welche Rechtsvorschriften sind jeweils zu beachten…

…im Betrieb	
…in der Berufsschule	

LF 1 — Rechtliche Rahmenbedingungen für das Ausbildungsverhältnis

 Für die Ausbildung als Verkäufer/Verkäuferin bzw. Kaufmann/Kauffrau im Einzelhandel gilt seit 2004 eine gemeinsame Ausbildungsordnung. Erarbeiten Sie aus den Ausbildungsprofilen von Verkäufer/Verkäuferin und Kaufmann/Kauffrau im Einzelhandel die jeweiligen Unterschiede.

	Verkäufer/Verkäuferin	Kaufmann im Einzelhandel/ Kauffrau im Einzelhandel
1. Berufsbezeichnung		
2. Ausbildungsdauer		
3. Arbeitsgebiet		
4. Abschlussprüfung		

Rechtliche Rahmenbedingungen für das Ausbildungsverhältnis — LF 1

5 Auszubildene unterhalten sich über rechtliche Bedingungen zur Ausbildung. Welche der folgenden Aussagen sind richtig (r) oder falsch (f)?

1	Der Ausbildungsvertrag wird in schriftlicher Form abgeschlossen.	
2	Bei Minderjährigen ist die schriftliche Zustimmung des gesetzlichen Vertreters (Vater, Mutter, Vormund) erforderlich.	
3	Der Inhalt des Vertrages richtet sich nach den Bestimmungen des Gesetzes für Unterricht und Erziehung.	
4	Unter anderem sind alle der folgenden Bestimmungen im Ausbildungsvertrag geregelt: • Beginn, Dauer der Ausbildung • Zahlung und Höhe der Vergütung • vorzeitige Beendigung und Verlängerung des Ausbildungsverhältnisses • Erfüllungsort	
5	Als Anlagen zum Ausbildungsvertrag können Ausbildungsplan und Ausbildungsordnung ausgehändigt werden.	
6	Die Ausbildung beginnt mit einer Probezeit, die mindestens einen Monat, höchstens jedoch vier Monate beträgt.	
7	Die Probezeit wird um eine Unterbrechungszeit von mehr als einem Drittel entsprechend verlängert.	
8	Nach der Probezeit kann, auch wenn ein wichtiger Grund vorliegt, nicht mehr gekündigt werden.	
9	Die Kündigungsfrist beträgt bei Kündigung aus wichtigem Grund zwei Wochen.	
10	Die Ausbildung endet immer mit Bestehen der Abschlussprüfung.	
11	Wird der Auszubildende im Anschluss an das Berufsausbildungsverhältnis weiterbeschäftigt, so ist ein unbefristetes Arbeitsverhältnis entstanden.	
12	Kinder sind Personen, die das 14. Lebensjahr noch nicht vollendet haben. Ihre Beschäftigung ist verboten, soweit es nicht gesetzliche Ausnahmen gibt.	
13	Jugendliche sind Personen, die älter als 15, aber noch nicht 21 Jahre alt sind.	
14	Die tägliche Arbeitszeit darf 8 Stunden nicht überschreiten, die gesetzliche Grenze der Wochenarbeitszeit liegt bei 40 Stunden (tariflich können andere Wochenarbeitszeiten vereinbart sein).	
15	Zu Prüfungen und am Tag vor der schriftlichen Abschlussprüfung wird jeder Auszubildende freigestellt.	
16	Vor Antritt der Berufsausbildung sowie nach einem Jahr sind ärztliche Gesundheitsprüfungen vorgeschrieben. Eine entsprechende Bestätigung des Arztes ist dem Arbeitgeber vorzulegen.	
17	Nach Beendigung der täglichen Arbeitszeit muss bis zum erneuten Arbeitsbeginn mindestens eine Freizeit von 12 Stunden liegen.	
18	Dabei dürfen Jugendliche, von wenigen Ausnahmen abgesehen, zwischen 20 und sechs Uhr nicht beschäftigt werden.	
19	Für Jugendliche im Einzelhandel ist die Beschäftigung am Samstag zulässig, soweit mindestens zwei Samstage im Monat beschäftigungsfrei bleiben und ein Freizeitausgleich an anderen berufsschulfreien Tagen gewährt wird.	
20	Die Zahl der Urlaubstage richtet sich bei Jugendlichen nach dem Alter; sind sie am 01.01. des Jahres älter als 17 Jahre, so erhalten sie mindestens 27 Werktage.	

LF 1 — Berufliche Weiterentwicklungsmöglichkeiten

6

In einem Ausbildungsvertrag werden die Pflichten von Ausbildenden und Auszubildenden verbindlich vereinbart:

Pflichten des Auszubildenden (BBiG § 9)		Pflichten des Ausbildenden (BBiG §§ 6–10)	
1	Bemühung, Ausbildungsziel zu erreichen	5	Ausbildung
2	Loyalität (Treue)	6	Fürsorge
3	Haftung	7	Zeugnis
4	Benachrichtigung bei Fernbleiben		

Lesen Sie dazu die Ausführungen in Ihrem Ausbildungsvertrag und ordnen Sie die jeweiligen Pflichten den entsprechenden Vereinbarungen zu und ergänzen Sie ... („AB" = Ausbildender bzw. „AZ" = Auszubildender):

.... wahrt Stillschweigen über **Geschäftsgeheimnisse**.	
.... oder sein gesetzlicher Vertreter **haften** bei böswilligem Verschulden.	
Auf Verlangen des .... sind vom .... im Zeugnis Angaben über Führung, Leistung und besondere fachliche Fähigkeiten aufzunehmen (**qualifiziertes Zeugnis**).	
.... nimmt am **Unterricht der Berufsschule** regelmäßig und pünktlich teil und führt sein **Berichtsheft** ordentlich.	
.... muss den .... zum regelmäßigen Besuch der Berufsschule und zum Führen des Berichtsheftes anhalten.	
.... darf ohne Einwilligung des .... im gleichen Geschäftszweig keine Geschäfte auf eigene oder fremde Rechnung tätigen.	
.... benachrichtigt .... bei **Fernbleiben** vom Berufsschulunterricht unter Angabe von Gründen unverzüglich.	
.... darf dem .... nur Verrichtungen übertragen, die dem **Ausbildungszweck** dienen und seiner körperlichen **Konstitution** angemessen sind.	
.... muss alle **Anstrengungen** unternehmen, um die für das **Ausbildungsziel** erforderlichen Kenntnisse und Fertigkeiten zu erwerben.	

Berufliche Weiterentwicklungsmöglichkeiten

1 Welche Möglichkeit bietet sich einem engagierten Auszubildenden mit normalem Hauptschulabschluss, den mittleren Bildungsabschluss zu erwerben?

....

....

....

Güternachfrage als Motor der Wirtschaft — LF 1

2 Auf welche Weise wird man:

- Verkaufsberater
- Abteilungsleiter
- Filialleiter
- Geschäftsführer
- EDV-Fachmann
- Kaufmann im internationalen Handel
- Wirtschaftsassistent
- Handelsfachwirt
- Diplom-Betriebswirt (FH, BA)
- Diplom-Kaufmann, Diplom-Handelslehrer

3 Nach Ihrer Ausbildung stoßen Sie auf die im Lehrbuch unter 1.4.3 dargestellte Internetveröffentlichung der IHK an Ihrem Wirtschaftsstandort. Was spricht aus Ihrer Sicht allgemein für und was gegen eine derartige Weiterbildungsmaßnahme?

Güternachfrage als Motor der Wirtschaft

1 Stellen Sie fest, welche Art von Bedürfnis durch die genannten Güter befriedigt werden soll (Tragen Sie die Kennbuchstaben ein.):

Existenzbedürfnisse	E	Tisch und Stuhl ☐ ☐		Stoffmantel ☐ ☐
Kulturbedürfnisse	K	Computer ☐ ☐		Faschingskostüm ☐ ☐
Luxusbedürfnisse	L	Brot ☐ ☐		Pelzmantel ☐ ☐
Gebrauchsgüter	G	Kaviar ☐ ☐		Arztbesuch ☐ ☐
Verbrauchsgüter	V	Bier ☐ ☐		Musicalbesuch ☐ ☐
Dienstleistungen	D	Champagner ☐ ☐		Kreuzfahrt ☐ ☐

LF 1 — Güternachfrage als Motor der Wirtschaft

2 Beschreiben Sie den Unterschied zwischen Bedürfnis und Bedarf.

Bedürfnis: ....

Bedarf: ....

....

3 Nennen Sie jeweils zwei Beispiele für

Gemeinschaftsbedürfnisse: ....

Individualbedürfnisse: ....

Produktionsgüter: ....

Konsumgüter: ....

4 Freie und wirtschaftliche Güter

Freie Güter, z. B. ....

unterliegen nicht dem Einfluss der Wirtschaft; Wirtschaftsgüter dagegen unterliegen dem Zwang zum wirtschaftlichen (kontrollierten) Umgang damit. Man unterscheidet dabei

Sachgüter: ....

....

Dienstleistungen: ....

Rechte: ....

5 Maximal- oder Minimalprinzip? (Kreuzen Sie an.)

	minimal	maximal
Sascha hat für seinen Urlaub 800,00 € gespart. Im Reisebüro wählt er aus den vielen angebotenen Reisezielen das aus, bei dem er für das Geld den längsten Aufenthalt erhält.		
Sandra möchte von ihrer Ausbildungsvergütung 100,00 € monatlich sparen. Sie sucht nach der Anlageform, aus der sie den größten Nutzen zieht (z. B. die meisten Zinsen).		
Im Büro ist der Bodenbelag zu erneuern. Infrage kommt ein strapazierfähiger Kurzflor-Teppichboden. Sie sollen sich um die günstigste Bezugsquelle bemühen.		
Im Büro ist der Bodenbelag zu erneuern. Dafür wird ein Betrag von 1.200,00 € bereitgestellt. Sie sollen sich um die beste Qualität bemühen.		

6 Ermitteln Sie die **Wirtschaftlichkeit** zweier Werbemaßnahmen:

	Werbeausgabe	Gewinnanteil aus dem Zusatzverkauf	Wirtschaftlichkeit
Handzettel (Mai)	500,00 €	600,00 €	
Zeitungsanzeige (Juli)	700,00 €	800,00 €	

Arbeitsteilung der Wirtschaft — LF 1

7 Vervollständigen Sie folgenden Lückentext:

In der Volkswirtschaft unterscheidet man drei klassische **Produktionsfaktoren:**
1. .... 2. .... 3. ....

Neben diesen drei Faktoren wird häufig als vierter Faktor ....

genannt. Gründe dafür, weshalb ein hoher Bildungsstand für die Volkswirtschaft so wichtig ist, sind:

....

....

8 Worin sehen Sie Nutzen und Schaden einer Substitution des Faktors Arbeit durch den Faktor Kapital?

Nutzen: ....

....

Schaden: ....

Arbeitsteilung der Wirtschaft

1 Was versteht man unter „volkswirtschaftlicher Arbeitsteilung"?

....

....

2 Ergänzen Sie die fehlenden Wirtschaftsstufen und geben Sie jeweils zwei Beispiele an:

(1) ....

z. B. ....

(2) ....

....

z. B. ....

Diagramm: Natur → (1) → Weiterverarbeitung → (2) → Konsum

3 Die dargestellte Arbeitsteilung bezeichnet man als vertikal/horizontal, weil die Tätigkeiten zwischen Vorkommen von Gütern in der Natur und dem Konsum auf mehrere Stufen verteilt sind (Nichtzutreffendes streichen).

Bei einer vertikalen/horizontalen Arbeitsteilung sind Tätigkeiten der gleichen Stufe aufgeteilt zum Beispiel

nach der Art: ....

....

nach der Menge: ....

LF 1 — Aufgaben des Einzelhandels

Aufgaben des Einzelhandels

1 Zeigen Sie die Stellung Ihres Einzelhandelsunternehmens im Gefüge der Gesamtwirtschaft mit mind. zwei horizontal und zwei vertikal gelagerten **konkreten** (tatsächlich vorhandenen) Unternehmen auf.

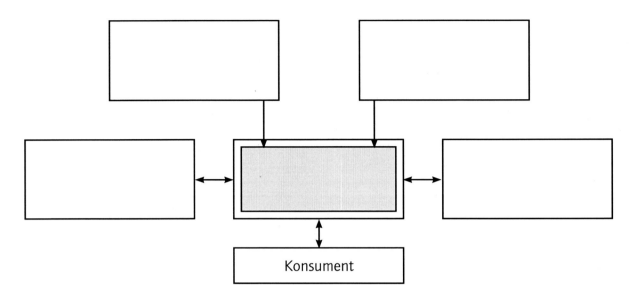

2 Ordnen Sie die folgenden Funktionen den entsprechenden Beschreibungen zu, indem Sie jeweils einen Kasten der linken mit dem richtigen der rechten Reihe verbinden:

Sortimentsfunktion	Ihr Unternehmen gibt Anregungen und Wünsche der Kunden an seine Lieferer als Anregung weiter.
Zeitausgleichsfunktion	Warenkenntnisse und Erfahrung ermöglichen es Ihnen, Kunden fachmännisch und bedarfsgerecht zu beraten.
Markterschließungsfunktion	Aus dem vielseitigen Angebot der Produzenten stellt Ihr Unternehmen eine Artikelpalette zusammen, aus der Kunden ihre Auswahl treffen können.
Beratungsfunktion	Ihr Unternehmen bezieht größere Gebinde von den Lieferern, die in bedarfsgerechten Mengen von Kunden erworben werden können.
Mengen(ausgleichs)funktion	Durch die Aufnahme neuer Artikel in Ihr Sortiment wecken Sie das Interesse Ihrer Kunden; so kann es gelingen, neue Kunden zu gewinnen.
Marktbeobachtungsfunktion	Ihr Unternehmen bezieht Waren aus allen Teilen der Welt. Dadurch können Kunden vor Ort die Artikel erwerben.
Raumausgleichsfunktion	Ihr Unternehmen hat die Ware vorrätig, Ihr Kunde kann sofort über die Ware verfügen.

Einfacher Wirtschaftskreislauf / Markt- und Preisbildung — LF 1

Einfacher Wirtschaftskreislauf

Marion Schröder betreibt den Geschenkladen „Geschenk-Ecke". In ihrem Geschäft arbeiten außerdem Iris Bauer als Verkäuferin und Andrea Steiner als Auszubildende.

Vervollständigen Sie mit den folgenden Begriffen das vereinfacht dargestellte Schema des Wirtschaftskreislaufes: **Ausbildungsvergütung – Auszubildende – Blumen – Gehalt – Gewinn – Geschenke – Kleidung – Kreditkarte – Scheck – Barzahlung – Unternehmerin – Verkäuferin**

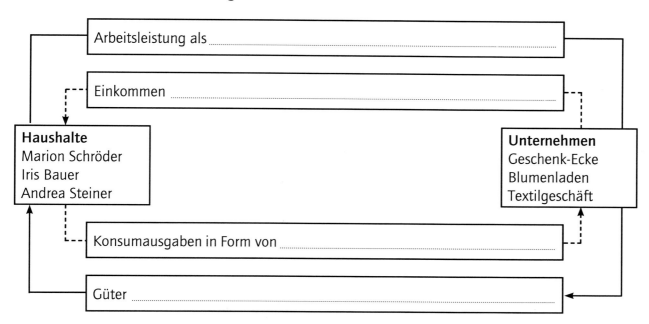

Markt und Preisbildung

1 Was versteht man in der Wirtschaftslehre unter

Markt: ....

Verkäufermarkt: ....

Käufermarkt: ....

2 Vervollständigen Sie die Tabelle:

Marktarten	Wohnungsmarkt	Automobilmarkt	Arbeitsmarkt	Kapitalmarkt
Wer ist Anbieter?				
Wer ist Nachfrager?				

19

LF 1   Markt und Preisbildung

3 Wie bildet sich ein Marktpreis (Gleichgewichtspreis)?

....

....

4 Es liegen folgende Marktdaten vor:

Bei einem Preis von € …	10,00	11,00	12,00	13,00	14,00	15,00	16,00	17,00
würden … St. gekauft werden:								
würden … St. angeboten:								

a Wie hoch ist jeweils der realisierbare Umsatz bei einem Marktpreis von 13,00 €, 15,00 € u. 12,00 €?

b Zeichnen Sie die Angebots- und Nachfragekurven und ermitteln Sie den Gleichgewichtspreis.

5 Was bedeutet folgende These: „Der Gleichgewichtspreis räumt den Markt"?

....

....

Ziele und Organisation der Einzelhandelsbetriebe — LF 1

6 Welche Folgen hätte es, wenn ein Einzelhändler den Verkaufspreis für den Artikel bei einem Marktpreis von 13,00 € auf 15,00 € festlegen würde?

....

....

7 Treffen Sie eine Aussage über den Preismechanismus (bitte ankreuzen):

Die Nachfrage nach einer Ware ist	größer als das Angebot.		kleiner als das Angebot.	
Auswirkung:	Preis sinkt ☐	steigt ☐	Preis sinkt ☐	steigt ☐

Ziele und Organisation der Einzelhandelsbetriebe

1 Beurteilen Sie die **unternehmerischen Zielsetzungen** aus der Sicht eines Beschäftigten und aus der Sicht des Verbrauchers (Kunden). Kreuzen Sie an und begründen Sie kurz.

Unternehmensziele	Beschäftigter ☺	☺	☹	Bemerkung	Verbraucher (Kunde) ☺	☺	☹	Bemerkung
Selbstständigkeit								
Existenzsicherung								
Gewinnmaximierung								
Marktanteile								
Kostendeckung								

2 a Erklären Sie folgende Begriffe des **betrieblichen Leistungsprozesses:**

Betriebszweck = ...

Leistung = ...

Faktoreinsatz = ...

b Welche zwingende Beziehung besteht zwischen Faktoreinsatz und Leistung?

....

c Was versteht man unter dem dispositiven Faktor?

....

LF 1 — Ziele und Organisation der Einzelhandelsbetriebe

d Beschreiben Sie die Bedeutung dieses Faktors.

....

....

e Setzen die die folgenden Schlüsselbegriffe in das Schema des betrieblichen Wertekreislaufs ein: **Einnahmen, Warenverkauf, Faktoreinsatz (Kosten), betriebliche Ausgaben, Leistungsprozess, Faktorbeschaffung, Erlöse (Leistung), Entnahme**

3 Aufbau und Struktur der Einzelhandelsbetriebe

a Ordnen Sie die folgenden Tätigkeiten in einem Einzelhandelsbetrieb den Hauptbereichen des Einzelhandels zu, indem Sie die entsprechenden Abkürzungen eintragen: E = Einkauf, V = Verkauf, L = Lager, Vw = Verwaltung

[ ] Auffüllen	[ ] Einlagern	[ ] Schriftverkehr
[ ] Auszeichnen	[ ] Gehälter berechnen	[ ] Verkaufen
[ ] Bestellen	[ ] Geschäftsleitung	[ ] Verpacken
[ ] Beraten	[ ] Kalkulieren	[ ] Werbung
[ ] Buchhaltung	[ ] Kassieren	[ ] Ware annehmen
[ ] Dekoration	[ ] Personal verwalten	[ ] Waren pflegen

b Fertigen Sie ein Organigramm Ihres Ausbildungsbetriebes an.

Ziele und Organisation der Einzelhandelsbetriebe — LF 1

4 Betriebsformen des Einzelhandels

a Erklären Sie die Fachbegriffe und stellen Sie den entsprechenden Sachverhalt Ihres Ausbildungsbetriebes dar.

Fachbegriff	Erklärung	… in meinem Ausbildungsbetrieb
Sortiment		
Kernsortiment		
Zusatzsortiment		
Randsortiment		
Präsenzsortiment		

b Stellen Sie das Sortiment Ihres Ausbildungsbetriebes strukturiert dar, indem Sie auf der jeweils darunter liegenden Ebene nur immer einen Oberbegriff durch Beispiele (maximal vier) darstellen.

Warenbereich				
Warengruppe				
Warenart				
Artikelgruppe				
Artikel*				

* Hinweis: Die unterste Ebene bilden Artikel, die eine Identifikationsnummer besitzen.

c Geben Sie die Anzahl der Artikel Ihres Ausbildungsbetriebs an: ....

d Wie viele davon sind „erklärungsbedürftig" (Beispiele)?

LF 1 — Soziale Sicherheit

e Wie viele davon können Sie verkaufswirksam beschreiben?

f Kennzeichnen Sie das Sortiment Ihres Ausbildungsbetriebes: **breit – schmal – tief – flach** (einkreisen) und begründen Sie Ihre Darstellung mit Beispielen:

g Markieren Sie, welche Bedienungsschritte bei den einzelnen Verkaufsformen üblich sind.

	Selbstbedienung	Vorwahlsystem	Bedienungssystem	Warenversand
Kunden begrüßen	○	○	○	○
Kaufwunsch ermitteln	○	○	○	○
Waren vorlegen	○	○	○	○
Kunden beraten	○	○	○	○
Kaufpreis kassieren	○	○	○	○
Verpacken und verabschieden	○	○	○	○

h Man teilt den Einzelhandel häufig nach Art und Umfang der Geschäftstätigkeit ein. Tragen Sie für die angegebenen Betriebsformen die Unterscheidungsmerkmale ein.

	Warengruppen	Sortiment Breite	Tiefe	Verkaufsform	Kundenberatung	Betriebsgröße
Spezialgeschäft						
Supermarkt						
Warenhaus						
Ausbild.betrieb						

Soziale Sicherheit

1 Welche der folgenden Aussagen zum System der sozialen Sicherung rind richtig (r) bzw. falsch (f)?

a	Die Finanzierung des „sozialen Netzes" der Bundesrepublik Deutschland erfolgt ausschließlich über Pflichtbeiträge.	
b	Kranken-, Pflege-, Arbeitslosen-, Renten-, Unfallversicherung zählen zu den „Säulen" der sozialen Sicherung.	
c	Bei allen genannten Sozialversicherungszweigen übernimmt der Arbeitgeber die Hälfte der Beiträge.	
d	Dem Arbeitnehmer werden von seinem Bruttolohn etwa 40 % für die Sozialversicherung abgezogen.	

Soziale Sicherheit — LF 1

e	Bei unverändertem Rentenversicherungsbeitragssatz können die Renten unverändert bleiben, auch wenn es in Zukunft weniger Beitragszahler und mehr Rentner gibt.	
f	Die Anhebung der Sozialversicherungsbeiträge kann sich auf das Preisniveau auswirken.	
g	Eine Senkung der Krankenkassenbeiträge kann bei steigenden Krankenkassenleistungen durch höhere Selbstbeteiligung finanziert werden.	
h	Wer für das Alter seinen Lebensstandard sichern will, muss frühzeitig an eine private oder betriebliche Zusatzversorgung denken.	
i	Die Kosten zur Behandlung einer Verletzung durch einen Unfall im Betrieb werden von der Krankenkasse übernommen.	
k	Wer im Anschluss an seine Ausbildung keine Beschäftigung findet, erhält als Lediger 60 % des Bruttolohns eines Ausgelernten.	
l	Wer mehr verdient als die „allgemeine Bemessungsgrenze", zahlt für die Rentenversicherung prozentual weniger als den gültigen Beitragssatz (hier 19,5 %) seines Bruttolohns.	
m	Wer mehr verdient als die „Beitragsbemessungsgrenze" der Krankenkasse, unterliegt nicht mehr der Krankenversicherungspflicht.	
n	Rentenversicherungsansprüche erwirbt man erst nach einer 5-jährigen Wartezeit.	
o	Arbeitslosengeld I bekommt man auch, wenn man nach einem Monat Beitragsleistung arbeitslos wird.	
p	Freiwillige soziale Leistungen des Betriebes führen im Einzelhandelsunternehmen zu Kosten.	

2 Welche Vorteile erhofft sich ein Unternehmer, der seinen Beschäftigten soziale Leistungen bietet?

3 Geben Sie jeweils drei mögliche soziale betriebliche Leistungen an (ggf. aus Ihrem Ausbildungsbetrieb):

allgemeine soziale Leistungen	besondere soziale Leistungen (*in Grenzen steuer- u. sozialversicherungsbegünstigt)	mit Sachbezugsregelung (steuer- u. sozialversicherungspflichtig)

LF 1
Betriebsverfassung

Betriebsverfassung

1 Wie lautet das Gesetz, in dem die Beteiligung der Mitarbeiter an Unternehmensentscheidungen geregelt ist?

....

2 Welche Instanzen übernehmen gemäß .... die Interessenvertretung für erwachsene und welche die für jugendliche Arbeitnehmer?

....

3 Vervollständigen Sie den folgenden Text:

In Betrieben mit mindestens .... ständigen wahlberechtigten Arbeitnehmern wird in geheimer und unmittelbarer Wahl ein Betriebsrat auf .... Jahre gewählt. Wahlberechtigt sind alle .... Mitarbeiter. Das geschieht allerdings nur dann, wenn sie von dem Recht zur Wahl Gebrauch machen .... eine Pflicht zur Wahl besteht .... In kleineren Betrieben mit 5–20 Arbeitnehmern besteht der Betriebsrat aus .... Person(en), in größeren Betrieben aus .... – 35 Mitgliedern. Wählbar sind alle Wahlberechtigten, die .... Monate dem Betrieb angehören. Arbeitgeber und Betriebsrat sollen in .... Zusammenkünften Angelegenheiten, die Mitarbeiter betreffen, besprechen. Bei Meinungsverschiedenheiten ist mit dem .... zu verhandeln. Vierteljährlich ist von dem Betriebsrat im Rahmen einer .... ein .... abzugeben.

4 Welche Tätigkeiten übernehmen Betriebsrat und die Jugendvertretung zugunsten der Arbeitnehmer?

Betriebsrat:

....
....
....
....
....

Jugendvertretung:

....
....
....

Arbeitsvertragsrecht / Soziale Verantwortung — LF 1

Arbeitsvertragsrecht

Ihr Arbeitsverhältnis ist durch arbeitsrechtliche Bestimmungen geprägt. Kreuzen Sie an, welche davon für Sie zurzeit Gültigkeit haben. Geben Sie darunter je drei mögliche Regelungsbereiche an.

Arbeitsschutz-gesetze		Tarifvertrag		Betriebs-vereinbarung		Individual-vereinbarung	

Soziale Verantwortung

1 In Deutschland gelten die Grundsätze der sozialen Marktwirtschaft. Worin besteht in dieser Wirtschaftsordnung die soziale Verantwortung der Unternehmer?

2 Inwieweit enthält die soziale Marktwirtschaft Elemente

des Individualismus? ....

des Kollektivismus? ....

3 Welche wirtschaftlichen Vorteile können sich für Unternehmen aus einem sozialen Engagement ergeben?

LF 1

Ökonomische und ökologische Verantwortung

Ökonomische und ökologische Verantwortung

Unternehmen tragen in der Gesellschaft ökonomische und ökologische Verantwortung. Beschreiben Sie in Stichworten die jeweilige Verantwortung.

Ökonomische Verantwortung

- Bedarfsdeckung ....
- Preise ....
- Beschäftigung ....

Ökologische Verantwortung

- Rohstoffvorräte ....
- giftige Stoffe ....
- Müll ....

Unternehmensphilosophie/Unternehmensleitbild

1 Die Unternehmensphilosophie äußert sich darin, wie sich das Unternehmen nach außen, d. h. gegenüber der Gesellschaft, den Lieferanten, Kunden und staatlichen Institutionen präsentiert.

a Welche Vorgaben liegen dabei in der Verantwortung der Geschäftsführung?

....

....

b Wie bezeichnet man den Zustand, wenn sich die Mitarbeiter mit der Unternehmensphilosophie identifizieren? ....

2 Beschreiben Sie den Unterschied:

Unternehmensphilosophie	Unternehmensleitbild

Unternehmensphilosophie/Unternehmensleitbild — LF 1

 Nachfolgend sind die Elemente des „Corporate Identity" dargestellt. Welche dieser Erscheinungsformen stellen Sie in Ihrem Ausbildungsbetrieb fest (bitte markieren oder hinzufügen)?

	Elemente des CI		Erscheinungsform im Ausbildungsbetrieb	
„Corporate Communication" gemeinsame Art der Kommunikation	Ziel ist es, die öffentliche Meinung gegenüber dem Unternehmen zu beeinflussen. Sie steuert z. B.: • Werbung • Öffentlichkeitsarbeit • Mitarbeiterkommunikation		höflich – förmlich – freundschaftlich – hilfsbereit – entgegenkommend – reserviert – zuverlässig – Kunde ist König – fachkompetent	
„Corporate Attitude" gleich geordnete Verhaltensweisen	Das Unternehmensverhalten zeigt, welche Grundsätze das Unternehmen verfolgt und anstrebt.		Preis: exklusiv – mittel – günstig Verkauf: beratend – immer bereit – abwesend Kommunikationsverhalten: offensiv ------- zurückhaltend Präsentation: schlicht – sortiert – Effekte – Aktionen – Erlebnis Service: hoch ---------- niedrig	
„Corporate Design" einheitliche Visualisierung	einheitliche visuelle Sprache, die alles, was das Unternehmen sieht, hört und fühlt, in eine sichtbare Form bringt, z. B.: • typische Zeichen und Symbole (Logo) • Schriften und Farben		– Kleidung – Geschäftsbrief – Werbung – Karten	– Fassade – Artikel

LF 5

Werbung

Lernfeld 5: **Werben und den Verkauf fördern**

Werbung

1 Welche Ziele verfolgt die Werbung des Einzelhändlers? (Kreuzen Sie an.)

☐ Erhaltung des Kundenstamms ☐ Vorhersage der Kundenwünsche
☐ Gewinnung neuer Kunden ☐ Information des Verkaufspersonals
☐ Verbesserung von Waren ☐ Wecken neuer Bedürfnisse
☐ Bekanntmachung von Neuheiten ☐ Ausschöpfung des Werbeetats

2 Welche Formen der Werbung unterscheidet man im Einzelhandel...

a ... nach Zahl der Werbenden:

– Ein Einzelhändler wirbt ausschließlich für sein Geschäft. = _____

– Mehrere Einzelhändler der gleichen Branche werben gemeinsam. = _____

– Mehrere Einzelhändler unterschiedlicher Branchen werben gemeinsam. = _____

b ... nach Zahl der Umworbenen:

– Der einzelne Kunde wird umworben. = _____

– Die Werbemaßnahme richtet sich an die Allgemeinheit. = _____

3 Welche Art der Werbung liegt in den folgenden Aussagen vor?

a „Kaufen Sie in den Geschäften der Fußgängerzone." _____

b In einem Werbebrief werden Stammkunden eingeladen. _____

c „Aus deutschen Landen frisch auf den Tisch!" _____

d Schaufensteraufschrift: „Heute besonders zu empfehlen..." _____

e „Kaufhaus X, das Haus des Erlebniskaufes" _____

f „ABC – das Waschmittel Ihres Vertrauens" _____

4 In welchen der folgenden Fälle handelt es sich um

(1) direkte Kundenwerbung (Einzelwerbung),
(2) indirekte Kundenwerbung (Massenumwerbung)?

Begrüßung des Kunden .... ☐   Verteilung von Handzetteln .... ☐
Plakatwerbung .... ☐   mündliche Einladung zur Modenschau ... ☐
Rundfunkwerbung .... ☐   Werbebrief an Stammkunden .... ☐
Zeitungsinserat .... ☐   Werbeaufdruck auf Tragetasche .... ☐
Verkaufsgespräch .... ☐   Bannerwerbung im Internet .... ☐

5 Entwerfen Sie einen Werbebrief, in dem Sie bestimmte Waren aus dem Sortiment Ihres Ausbildungsbetriebs anbieten. Nehmen Sie Ihren vorhandenen Kundenstamm als Grundlage. Wählen Sie einen bestimmten Anlass (Erweiterung des Geschäfts, 25-jähriges Jubiläum o. Ä.).

Lernsituation: Einen Werbeplan erstellen

LF 5

6 Ordnen Sie die folgenden Begriffe Werbemitteln und Werbeträgern zu:

Rundfunkspot – Litfaßsäule – Werbeaufdruck – Internet – Aufkleber „Wir liefern weltweit" – Anzeige – Lautsprecherdurchsage – Bannerwerbung – Kino – Plakat – Kinowerbespot – Lautsprecher – Lieferwagen – Zeitung – Radio – Tragetaschen

Werbeträger	Werbemittel

Lernsituation: Einen Werbeplan erstellen

Beschreibung der Lernsituation:

Sie sind Auszubildende(r) in einem Textileinzelhandelsgeschäft in Nürnberg. Ihre Ausbilderin Gunda Meyer betreut zurzeit mehrere Produktwerbungen gleichzeitig und ist damit ausgelastet. Aus diesem Grund hat sie Sie gebeten, in eigener Regie Vorschläge für einen Werbeplan zu erarbeiten. Die zu planenden Werbemaßnahmen sollen die im Februar zur Eröffnung anstehende neue Sportabteilung populär machen.

Der Werbeplan soll Arbeitsgrundlage und Orientierung für die Werbeagentur sein, die die von Ihnen vorgeschlagenen Werbemaßnahmen gestaltet.

Arbeitsauftrag 1:
Erstellen Sie einen Werbeplan für die neue Sportabteilung. Beachten Sie hierzu folgende Angaben:

→ Der Werbeplan bzw. seine Inhalte müssen auf das Produkt zugeschnitten sein (siehe Produktbeschreibung „Sportabteilung").

→ Der vorgegebene Werbeetat beträgt 20.000,00 €. Die Kosten für die Erstellung einer Werbeanzeige, eines Werbespots oder Werbebanners usw. belaufen sich einmalig auf 2.000,00 €.

→ Frau Meyer lässt Ihnen zwar freie Hand bei der Gestaltung des Werbeplans, teilt Ihnen jedoch mit, dass die Geschäftsleitung in jedem Fall eine Anzeigenkampagne in der regionalen Tageszeitung wünscht. Ferner sollen nicht mehr als vier Werbemittel (inklusive der Anzeigenkampagne) verwendet werden.

→ Hinsichtlich der Gestaltung der Werbung sollen Sie nur grobe Vorschläge zu der Farbgebung oder dem Werbestil machen (z. B. „eher gedeckte Farben", „klassische Richtung").

Nutzen Sie für Ihren Werbeplan die Materialien und Vorlagen der folgenden Seiten.

LF 5

Lernsituation: Einen Werbeplan erstellen

Produktinformation

Pünktlich zu Beginn des Wintergeschäftes wird die neue Verkaufsfläche für Sportmoden und -geräte eröffnet. Auf einer Fläche von 2 000 m² werden im attraktiven Ambiente Sportartikel präsentiert: Sportgeräte, Outdoor-Equipment, Sportschuhe und -bekleidung für Aerobic/Fitness, Tennis, Ski, Jogging, Fußball, Tanzen, Klettern, Schwimmen, Skating und vieles mehr – sowohl für Erwachsene als auch für Kinder. Von günstigen Angeboten (auch für Sportvereine) bis hin zu hochwertigen Qualitätsartikeln bietet die Abteilung alles, was das Sportlerherz begehrt. Speziell geschultes Personal berät fachkundig und persönlich, sodass vom Sportprofi bis hin zum Gelegenheitsjogger alle Kunden zufrieden sein werden.

Medienpreise

Radio	Hörfunkspot	30 Sek. (06:00 – 09:00 Uhr)	200,00 €
		30 Sek. (15:00 – 19:00 Uhr)	150,00 €
Lokalzeitung	Anzeige	schwarz-weiß, 1 Seite	17.000,00 €
		farbig, 1 Seite	23.000,00 €
	Zeitungsbeilage	Mindestmenge 10 000 Stück	115,00 €/100 Stück
Sonntagszeitung (gratis an alle Haushalte)	Anzeige	schwarz-weiß, 1 Seite	13.000,00 €
		farbig, 1 Seite	18.000,00 €
	Zeitungsbeilage	Mindestmenge 5 000 Stück	60,00 €/100 Stück
Lokalfernsehen	Fernsehspot	30 Sek.	500,00 €
Internet	Werbebanner	Startseite	250,00 €/Monat
Flyer	Werbeflyer	Verteilung im Stadtgebiet	35,00 €/1 000 Stück
Plakatwand	Werbeplakat	unbeleuchtet	10,00 €/Tag
		beleuchtet	17,00 €/Tag
Bandenwerbung im lokalen Stadion	Werbebande	3 m × 0,65 m	200,00 €/Jahr

Werbeplanung für die Neueröffnung der Verkaufsfläche für Sportmoden und Sportartikel
Vorgabe zur Weiterbearbeitung durch die Werbeagentur

Produktbeschreibung	
Zielsetzung der Werbemaßnahme(n)	
geplanter Werbeetat	
Zielgruppe	

Lernsituation: Einen Werbeplan erstellen — LF 5

Maßnahmen	Werbeträger	Werbemittel	Streugebiet	Streuzeit	Kosten
				Gesamtkosten	

Arbeitsauftrag 2

Viele Kunden wurden durch die Werbung auf die neue Abteilung aufmerksam. Im gesamten Haus stiegen die Umsätze nach der Werbung.

a) Ermitteln Sie die Werberendite anhand der Grafik. Entstandene Kosten:

2.000,00 € für die Erstellung der Werbeanzeige/-banner/-plakate
20.000,00 € Werbekampagne

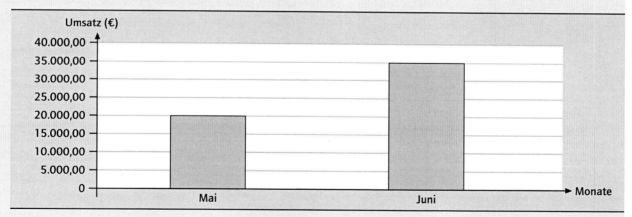

Werberendite =

b) Welche Größen können neben dem Umsatz noch zur Werbeerfolgskontrolle herangezogen werden?

LF 5 — Verkaufsförderung

Arbeitsauftrag 3

a Gestalten Sie mithilfe des PC einen Werbeflyer zur Eröffnung der Sportabteilung, den Sie in der Fußgängerzone verteilen.

b Beachten Sie dabei die Gestaltungselemente der Werbung.

Erstellen einer gefalteten Broschüre mit Word

1. Öffnen Sie ein leeres Dokument.
2. Wählen Sie im Menü **Datei, Seite einrichten, Seitenränder**.
3. Wählen Sie in der Liste **Mehrere Seiten** die Option **Buch**.
   Geben Sie in den Feldern **Innen** und **Außen** den gewünschten Abstand für die Innen- und Außenränder ein.
4. Wählen Sie in der Liste **Seiten pro Broschüre** die Anzahl der Seiten aus, die in einer Broschüre enthalten sein sollen.
5. Ergänzen Sie Text, Grafiken, Kopf- und Fußzeilen und andere Elemente.

Verkaufsförderung

1 Ihr Ausbildungsbetrieb klagt über sinkende Umsätze. Daraufhin wird beschlossen, verstärkt Anzeigen- und Radiowerbung zu machen. Neben der Werbung sollen auch verkaufsfördernde Maßnahmen für den Verbraucher eingesetzt werden.

a Welche verkaufsfördernden Maßnahmen für den Verbraucher sind Ihnen bekannt?

....

....

b Wählen Sie geeignete verkaufsfördernde Maßnahmen für Ihren Ausbildungsbetrieb aus. Notieren Sie Chancen und Risiken.

Verkaufsförderung für das Einzelhandelsunternehmen

(Name des Ausbildungsbetriebes)

Maßnahme	Vorteile	Nachteile

Service — LF 5

2 Kreuzen Sie die richtigen Aussagen zur Verkaufsförderung (Salespromotion) an.

☐ Verkaufsförderung richtet sich nur an die Verbraucher.
☐ Verkaufsförderung ist gleichbedeutend mit Werbung.
☐ Verkaufsförderung wendet sich an die eigenen Mitarbeiter und an die Endabnehmer.
☐ Verkaufsförderung enthält preispolitische und serviceorientierte Elemente.
☐ Verkaufsförderung ersetzt Werbung, wenn die Endabnehmer weiterverarbeitende Betriebe sind.

3 Um welche Instrumente der Verkaufsförderung handelt es sich?

– Beratung bei der Ausgestaltung der Verkaufsräume durch das Aufstellen von Displays (Bodenkleber, Schaufensterstreifen usw.): _____

– Motivation der Außendienstmitarbeiter durch Verkaufswettbewerbe: _____

– Verteilen von Produktproben an die Kunden eines Lebensmittelmarktes: _____

Service

1 Ein Einzelhandelsunternehmen möchte demnächst eine Umfrage zur **Kundenzufriedenheit** durchführen. Der Geschäftsführer beauftragt Sie, einen entsprechenden Fragebogen zu erstellen.
Bereits vorhandene Serviceleistungen:

■ Umkleidekabinen   ■ kostenpflichtige Parkplätze (0,50 €/Stunde)

Fragebogen zur Kundenzufriedenheit

LF 5 — Service

2 **Kundendienstpolitik:** Ein Geschäft für Sportartikel und Sportmoden hat im letzten Jahr eine Umfrage gemacht. Jeden Monat wurden 100 Kunden nach ihrer Kundenzufriedenheit in Bezug auf die Kundendienstleistungen befragt mit folgendem Ergebnis:

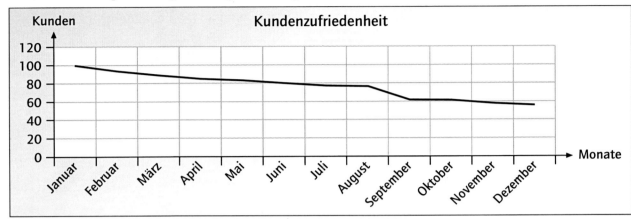

Bereits vorhandene Serviceleistungen: ■ Parkplätze ■ Umkleidekabinen

Entwickeln Sie ein Servicekonzept. Überlegen Sie, welche Serviceleistungen das Bekleidungshaus zusätzlich anbieten sollte. Gestalten Sie dazu eine Mindmap (Beispiel siehe S. 146). Stellen Sie anschließend Ihr Servicekonzept Ihren Mitschülern vor.

3 Ordnen Sie zu, ob es sich um eine kaufmännische (K) oder technische (T) Kundendienstleistung handelt:

Zahlung mit Scheck		Reparaturservice	
Zusendung der Ware		Annahme von Kreditkarten	
24-Stunden-Rufbereitschaftsdienst		Ersatzteillieferung	
jährliche Wartung einer Espressomaschine		Bestelldienst	
Schulungen		telefonische Hotline	

4 Was bedeutet Kundendienstpolitik? (Kreuzen Sie die richtige Lösung an.)

☐ es allen Kunden recht zu machen
☐ die Auszeichnung der Ware mit Preisen
☐ die Abnahme der Kaufentscheidung des Kunden durch den Verkäufer
☐ unaufgeforderter Warenversand an die Kunden
☐ sämtliche Nebenleistungen (z. B. Reparatur der Ware) eines Einzelhändlers
☐ Anordnung der Ware in Regalen

5 Erläutern Sie, in welchem Verhältnis Serviceangebot und Preis der Ware stehen.

Verpackung LF 5

 Ordnen Sie mit Pfeilen zu, ob die Serviceleistungen zum Vorverkaufs-, Verkaufs- oder Nachverkaufs-Kundendienst gehören.

Vorverkaufs-Kundendienst

Verkaufs-Kundendienst

Nachverkaufs-Kundendienst

Beratung
Einkaufstüten
Kundenclub
Rolltreppen
Parkplätze
Reparaturservice
bargeldlose Bezahlung
Inzahlungnahme
Kostenvoranschläge

Verpackung

 Ergänzen sie folgende Übersicht zur Verpackung:

Verpackungsart			
Merkmal			
Rücknahme-pflicht durch			
Beispiele aus dem Ausbildungs-sortiment			

LF 5 — Verpackung

2 Erklären Sie die folgenden Verpackungsfunktionen in vollständigen Sätzen.

a Schutzfunktion:

b Informationsfunktion:

c Transportfunktion:

d Lagerfunktion:

3 Ihr Ausbilder bittet Sie, einen Kurzvortrag über Recycling zu halten.

a Was versteht man unter Recycling?

b Erläutern Sie anhand der Grafik, wie **Glasrecycling** funktioniert:

| Verpackung | LF 5 |

_____
_____
_____
_____
_____
_____
_____
_____
_____
_____

c Üben Sie diesen Vortrag vor Ihrem Sitznachbarn.

4 Der Geschäftsführer Ihres Ausbildungsunternehmens bittet Sie bei der Gestaltung einer neuen Verpackung um Hilfe. Wählen Sie ein Produkt aus Ihrem Ausbildungssortiment, für das Sie eine neue Verpackung gestalten. Ihr Gestaltungsvorschlag soll anschließend der Werbeagentur zur weiteren Bearbeitung und Umsetzung vorgelegt werden.

a Welches Produkt wählen Sie? _____

b Welche Anforderungen werden an das Verpackungsdesign gestellt?

_____
_____
_____
_____
_____
_____
_____
_____
_____

c Gestalten Sie die Verpackung für ein Produkt Ihres Ausbildungssortiments.

LF 5 — Warenzustellung

5 Verpackungen sollen merkfähig sein und vertraute, positive Assoziationen wecken. Um welche Produkte handelt es sich hier?

....

6 Die Verpackungsverordnung regelt den Umgang mit Verpackungen. Welche der folgenden Bestimmungen entspricht dieser gesetzlichen Vorschrift? (Kreuzen Sie an.)

☐ Der Handel nimmt Umverpackungen vom Kunden zurück.
☐ Alle Verpackungen müssen gemäß Verpackungsverordnung wiederverwendbar sein.
☐ Der Kunde hat Anspruch auf eine kostenlose Tragetasche.
☐ Zum Preis für die Ware kommen immer zusätzlich die Kosten für die Verpackung hinzu.
☐ Kunden sind gesetzlich verpflichtet, nicht mehr benötigte Verpackungen in den dafür vorgesehenen Behältern zu entsorgen.

7 In einem Unternehmen werden keine Produkte verkauft, deren Verpackungen bei der Vernichtung Schadstoffe abgeben. Welche Zielsetzung steht in diesem Unternehmen im Vordergrund? (Kreuzen Sie an.)

☐ Kostenersparnis
☐ Einsparen von Arbeitsplätzen
☐ Lagerplatzersparnis
☐ Wirtschaftlichkeit
☐ Umweltverträglichkeit

8 Durch welche Maßnahme kann ein Einzelhändler seine Kunden zu einem bewusst umweltfreundlichen Verhalten anregen? (Kreuzen Sie an.)

☐ Einwegflaschen werden besonders preisgünstig angeboten.
☐ Er informiert seine Kunden über die Wiederverwendbarkeit und -verwertbarkeit von Verpackungsmaterial.
☐ Er verkauft Getränkedosen zu besonders günstigen Preisen.
☐ Artikel mit dem Grünen Punkt werden in der Bückzone platziert.
☐ Er bietet Schreibblöcke aus Umweltpapier im verschweißten 5er-Pack an.

Warenzustellung

1 Ein Kompaktbrief von 45 g soll seinen Empfänger sicher erreichen. Sie wollen einen Beweis dafür haben, dass der Brief vom Empfänger persönlich entgegengenommen wurde.

Wie hoch ist das Gesamtentgelt? ....

Warenzustellung — LF 5

2 Ein Brief wiegt 700 g. Uns genügt eine einfache Bestätigung, dass dieser den Empfänger erreicht hat. Welche Versandform ist geeignet und wie hoch ist das Entgelt?

3 Ihr Ausbildungsunternehmen möchte ein Paket mit einem Gewicht von 4,5 kg und einem Warenwert von 200,00 € einem Kunden (Max Mustermann, Musterstraße 12, 12345 Musterstadt) möglichst schnell und per Nachnahme zusenden.

a Berechnen Sie das anfallende Entgelt:

Paketentgelt:
Expresszuschlag:
Nachnahmegebühr:
Kosten für Geldübermittlung:
Gesamtentgelt:

b Vervollständigen Sie folgendes Schaubild zur Nachnahme:

Gesamtentgelt:
überweist:
bezahlt:

c Füllen Sie folgendes Nachnahmeformular aus.

Bankverbindung Einzelhandelsunternehmen:
Kontonummer: 123 456 00   BLZ: 012 345 678

LF 5 — Vorschläge für Projektarbeiten

4 Eine dringend benötigte Ware soll kurzfristig innerhalb der Großstadt zu einem Kunden gebracht werden. Da im Geschäft niemand abkömmlich ist und der Kunde seine Ware auch nicht abholen kann, wird überlegt, welche Möglichkeit am einfachsten und kostengünstigsten ist. Worauf wird die Wahl fallen?

---

5 Die Krull GmbH verschickt einen Brief mit dem Vermerk „Einschreiben". Was bedeutet dieser Vermerk? Kreuzen Sie die richtige Lösung an.

☐ unbeschränkte Haftung der Post AG bei Verlust
☐ besonders schnelle Zustellung des Briefes
☐ Bestätigung der Einlieferung von der Post AG
☐ Der Brief muss dem Empfänger persönlich ausgehändigt werden.
☐ Die Post AG befördert diesen Brief schneller als andere Postsendungen.

Vorschläge für Projektarbeiten

1 **Erstellen Sie eine Werbekampagne für ein Produkt aus Ihrem Ausbildungsbetrieb.**
- Wie hoch sollte der Werbeetat sein?
- Wie sollte die Werbung bildlich und textlich gestaltet sein?
- Welche Zielgruppen möchten Sie ansprechen?
- Zu welchen Zeiten und in welchen Situationen soll die Werbung Ihre Zielgruppe erreichen?
- Welche Erscheinungsfrequenz ist nötig?
- Recherchieren Sie im Internet nach Mediapreisen.
- Erstellen Sie einen Werbeplan.

2 **Planen Sie die Durchführung verkaufsfördernder Maßnahmen in Ihrem Ausbildungsbetrieb.**
- Wählen Sie ein Produkt, für welches Sie eine verkaufsfördernde Maßnahme planen möchten.
- Überlegen Sie, welche verkaufsfördernden Maßnahmen zu diesem Produkt am besten passen würden. Beachten Sie dabei die Zielgruppe, Produkteigenschaften usw.
- Welche Kenntnisse sollte das Promotionspersonal über das Produkt erhalten?
- Welche Kosten entstehen Ihnen bei Durchführung dieser verkaufsfördernden Maßnahmen?

3 **Wählen Sie eine Verpackung aus Ihrem Ausbildungsbetrieb.**

Erstellen Sie eine Präsentation (Inhalt: Funktion der Verpackung, Vor- und Nachteile, Verpackungsgröße und -material, Verbesserungsvorschläge).

4 **Können wir auf Verpackungen verzichten?**

Was immer wir auch einkaufen, ob Lebensmittel, Kleidung, eine neue DVD, stets kaufen wir auch Verpackungen mit ein. Muss das sein? Überlegen Sie:
Welche Gründe sehen Sie für oder gegen Verpackungen? Berücksichtigen Sie dabei auch den Umweltaspekt.

- Notieren Sie Ihre Gründe stichwortartig.
- Diskutieren Sie in der Klasse über Ihre Meinung.
- Wählen Sie Verpackungen, die Ihnen besonders negativ auffallen. Schreiben Sie einen Brief mit Verbesserungsvorschlägen an den Hersteller.

5 **Besuch eines Abfallentsorgungsunternehmens**

Sie planen den Besuch eines Abfallentsorgungsunternehmens mit Ihrer Klasse. Neben der organisatorischen Planung (wann? wo? Hin- und Rückfahrt?) erstellen Sie in Gruppen einen Fragebogen, um die Arbeitsweise (Welche Verpackungen werden entsorgt? Kosten?) des Betriebes kennenzulernen.

Lernfeld 6: **Waren beschaffen**

Lernsituation: Planung von Einkaufsmengen

Situation: Ihr Abteilungsleiter gibt Ihnen den Auftrag, den Bedarf an Ware X für das kommende Geschäftsjahr (GJ) zu ermitteln:

Planabsatz laufendes GJ	4 800 Stück
Verkaufspreis	49,90 €/Stück
Kalkulationsfaktor	2,15

Aus dem Warenwirtschaftssystem erhalten Sie folgende Informationen:

Lagerbestand am Jahresende voraussichtlich noch	420 Stück
offene Bestellungen	800 Stück
beabsichtigte Umsatzsteigerung	5 %

Aufgabenstellungen:

1. Berechnen Sie

    Planabsatz neues GJ: _____

    Bestellmenge (auf 100 gerundet): _____

    Mitteleinsatz für das GJ (gerundet): _____

2. Nennen Sie je einen betrieblichen und einen außerbetrieblichen Grund, der die erwartete Umsatzsteigerung von 5 % rechtfertigen könnte.

Planung der Warenbeschaffung

1 „Im Einkauf liegt der halbe Gewinn!" Begründen Sie diesen für den Einzelhandel gültigen Grundsatz.

2 Vor dem Wareneinkauf hat der Einzelhändler vier grundlegende Fragen zu beantworten:

Was will ich einkaufen? ⟶ _____

Wie viel Ware benötige ich? ⟶ _____

Wann muss die Ware geliefert sein? ⟶ _____

Wo bekomme ich die Ware? ⟶ _____

LF 6 — Planung der Warenbeschaffung

3 Der Einzelhändler plant seinen Warenbedarf mit großer Sorgfalt. Welche Einflüsse wirken sich hierauf aus?

Zukunftsaussichten →

Politische Situation →

Wirtschaftliche Lage →

Konkurrenzsituation →

Persönliche Erfahrung →

4 Grundsatz für die Bezugsquellen des Einzelhandels:

Der Einzelhändler sucht sich in der Regel die .... Bezugsquelle.
Wie kann er diese ausfindig machen?

5 Neben der sorgfältigen Ermittlung der besten Beschaffungsmöglichkeiten bedarf es einer ebenso genauen Planung der für den Einkauf erforderlichen Mittel (...................).

Ausgangswert →		1.200.000,00 €
± Planvorgaben →	+ 15 %	
= Umsatzziel →		
− Warenrohgewinn →	30 %	
= Wareneinsatz →		
: Lagerumschlag →	3	
= Bruttolimit →		
± Lageran-/-abbau →		− 12.000,00 €
= Nettolimit →		
− Limitreserve →	20 %	
= freies Limit →		

Kaufvertragsarten

LF 6

Kaufvertragsarten

1 Ein zweiseitiger Handelskauf liegt vor, wenn ....

Dies ist dann der Fall, wenn Verkäufer und Käufer

a ....

b ....

c ....

2 Welche Art des Kaufvertrages wurde in den folgenden Fällen abgeschlossen? Verbinden Sie mit Pfeilen:

| einseitiger Handelskauf |
| zweiseitiger Handelskauf |
| bürgerlicher Kauf |

- Einzelhändler Schwarz kauft in einem Möbelgeschäft ein Kinderzimmer für seinen Sohn.
- Frau Müller kauft in einem Lebensmittelgeschäft für den Haushalt ein.
- Einzelhändler Schwarz bestellt Ware bei einem Lieferanten.
- Der Auszubildende Gerhard verkauft dem Einzelhändler Groß Ware für dessen Geschäft.
- Der Großhändler Klein verkauft dem Einzelhändler Groß Ware für dessen Geschäft.
- Der Künstler Stefan Müller versteigert seine Computeranlage im Internet an eine Studentin.

3 Wie kommt ein zweiseitiger Handelskauf zustande?

Grundsätzlich wie jeder Vertrag durch ....

4 Die Kauffrau im Einzelhandel Marion Schröder führt eine Geschenkboutique. Welche der folgenden Tätigkeiten führen zu einem zweiseitigen Handelskauf und welche nicht? (Kreuzen Sie an.)

	JA	NEIN
Frau Schröder bestellt Geschenkpapier für ihr Geschäft.	☐	☐
Frau Schröder bestellt bei einem Versandhaus ein Kleid für sich.	☐	☐
Frau Schröder erhält unbestellte Ware und stellt sie im Geschäft aus.	☐	☐
Frau Schröder erteilt einem Vertreter einen Auftrag über Glückwunschkarten.	☐	☐
Frau Schröder bestellt bei der Tageszeitung ein Inserat mit Sonderangeboten.	☐	☐
Frau Schröder gibt in der Zeitung eine Todesanzeige für ihre Mutter auf.	☐	☐
Frau Schröder kauft im Möbelgeschäft eine neue Polstergarnitur.	☐	☐

LF 6 — Anfrage und Angebot

Anfrage und Angebot

1 Arten der Anfrage. Man unterscheidet

a die _____ Anfrage; Zweck: _____

b die _____ Anfrage; Zweck: _____

MERKE: Anfragen sind grundsätzlich _____ .

2 Welche der folgenden Handlungen eines Einzelhändlers ist niemals Bestandteil eines Vertrages? (Kreuzen Sie an.)

☐ das Absenden einer Anfrage an einen Lieferer ☐ Eine Bestellung geht dem Lieferer zu.
☐ das Erteilen eines Angebotes durch den Lieferer ☐ Ein Lieferer übersendet eine Auftragsbestätigung.

3 Beurteilen Sie den folgenden Brief, der einem Einzelhändler zugeht:

> *Sehr geehrter Herr Müller,*
> *leider konnten wir aufgrund Ihrer Anfrage und unserem daraufhin ergangenen Angebot vom 19. September noch keine Bestellung bei uns feststellen. Sollten Sie bis zum 18. Oktober immer noch nicht bestellt haben, sehen wir uns gezwungen, gerichtliche Schritte einzuleiten.*

4 In einer Anfrage steht:

- … möchte ich mein Angebot an … beträchtlich erweitern …
- … für einen Kunden …
- … beabsichtige meinem Geschäft eine Abteilung …
- … nennen Sie mir bitte den genauen Preis für …
- … eine Schlagbohrmaschine mit zwei Gängen und hoher Leistung …
- … um Zusendung Ihres Gesamtkataloges …

• allgemeine Anfrage
• bestimmte Anfrage

Bestimmen Sie die Art der Anfrage, indem Sie Linien ziehen.

5 Das Angebot

a ist eine _____
   → Außer: _____

b richtet sich stets an _____

c ist nicht an eine äußere _____ gebunden.

6 Wendet sich ein Einzelhändler mit seinem Warenangebot direkt an einen bestimmten Kunden, so liegt ein **Angebot** vor; wendet er sich dagegen an die Allgemeinheit, so bezeichnet man dies als **Anpreisung**. In welchen der folgenden Fälle liegt ein Angebot (1) vor, in welchen eine Anpreisung (2)?

Verkaufsgespräch mit einem Kunden	(1) | (2)	Angebotsbrief an einen Kunden	(1) | (2)
Inserat in der Tageszeitung	(1) | (2)	Einladung zu einer Modenschau	(1) | (2)
Handzettel im Kundenbriefkasten	(1) | (2)	Werbung im Kino	(1) | (2)
Schaufensterauslage	(1) | (2)	Angebot per E-Mail	(1) | (2)

Anfrage und Angebot — LF 6

7 Was erwartet ein Kaufmann, wenn er ein Angebot einholt? (Kreuzen Sie an.)

- [ ] Hinweise über die Ware selbst
- [ ] Angabe des Listenpreises des Lieferers
- [ ] genaue Festlegung des Verkaufspreises
- [ ] Wer trägt die Beförderungskosten?
- [ ] Angaben über die Preise der Konkurrenz
- [ ] Welche Verpackungskosten fallen an?
- [ ] Angaben über die Zahlungsbedingungen
- [ ] Wann kann die Ware geliefert werden?

8 In welchen der folgenden Fälle liegt ein Angebot vor? (Kreuzen Sie an.)

- [ ] Inserat „an alle Leser"
- [ ] Brief an Kundin Isabella Huber
- [ ] Fabrikant bietet uns Ware per Telefax an.
- [ ] Ein Vertreter bietet telefonisch Ware an.
- [ ] Auszubildender verteilt Handzettel.
- [ ] Verkäuferin legt Ware vor.
- [ ] Schaufensterplakat mit Hinweis auf Sonderverkauf
- [ ] Angebot per E-Mail von Kaufmann A an Kaufmann B

9 Beurteilen Sie die folgenden Ausschnitte aus Angeboten:

Ausschnitt	Das Angebot ist
Als besonders knapp kalkuliertes Angebot biete ich Ihnen heute an: …	....
… biete ich Ihnen deshalb freibleibend die folgenden Artikel an: …	....
… kann ich Ihnen die folgenden Artikel zur Lieferung anbieten, solange Vorrat reicht …	....

10 Ist in den folgenden Fällen das Angebot rechtlich noch gültig? (Kreuzen Sie an.) JA / NEIN

Auf ein mündliches Sonderangebot schickt ein Einzelhändler seine Bestellung per Eilbote.
Eine Bestellung geht vier Tage nach der Absendung des Angebotsbriefes beim Anbietenden ein.
Im Angebot war eine Mindestabnahmemenge von 50 Stück angegeben. Der Kunde bestellt 10 Stück.
Im Angebot steht: „Lieferung frachtfrei". Ein Kunde bestellt „Lieferung frei Haus".

11 Welche Einschränkungen (Klauseln) wird ein Großhändler in den folgenden Fällen in sein Angebot einfügen?

Der Großhändler bietet einen geringen Warenvorrat mehreren Kunden an. ⟶ ....

Der Großhändler kann Preisänderungen nicht ausschließen. ⟶ ....

Der Großhändler unterbreitet seinem Kunden ein Angebot, bei dem er nicht sicher ist, ob er die Ware wirklich beschaffen kann. ⟶ ....

Bei einem besonders günstigen Sonderangebot rechnet der Großhändler damit, dass die Bestellungen seinen Vorrat übertreffen. ⟶ ....

LF 6 — Anfrage und Angebot

12 Wir erhalten folgende E-Mail: *„EILT!!! Widerrufe Angebot vom 17. Januar – Brief folgt."*
Beurteilen Sie die beiden Situationen.

a Wir hatten an den Lieferer eine Anfrage gerichtet, bisher aber keine Antwort erhalten.
Der Widerruf des Angebotes erfolgte ☐ rechtzeitig, weil … ☐ nicht rechtzeitig, weil …

b Das von uns angeforderte Angebot war bereits gestern eingetroffen.
Der Widerruf des Angebotes erfolgte ☐ rechtzeitig, weil … ☐ nicht rechtzeitig, weil …

13 Firma Liefer AG sendet bestellte Ware an den Einzelhändler May & Sohn.

LIEFER AG — a) 16,00 → BHF Xausen — b) 89,00 → BHF Ystadt — c) 19,00 → MAY & Sohn

a Wie bezeichnet man diesen Teil der Beförderungskosten? →

b Welche Kosten fallen von Bahnhof zu Bahnhof an? →

c Welche Kosten fallen vom Bahnhof zum Geschäft an? →

d Welche Vereinbarung über die Beförderungskosten war im Kaufvertrag getroffen worden, wenn:

– die Liefer AG 16,00 € und May & Sohn den Rest zu tragen haben? →

– die Liefer AG 105,00 € übernimmt, May & Sohn dagegen 19,00 €? →

– die Liefer AG alle Beförderungskosten übernimmt? →

– May & Sohn 124,00 € an Beförderungskosten berechnet werden? →

14 In einem Angebot entdecken Sie die Abkürzung „bfn". Kreuzen Sie an, was ist darunter zu verstehen ist.

☐ bezahlt für netto
☐ beförderung und fracht netto
☐ brutto für netto
☐ baldige fernmündliche nachricht

Welche Bedeutung hat diese Verpackungsklausel?

Anfrage und Angebot — LF 6

15 Wir beziehen jeweils 100 kg Ware zum Preis von 2,00 € je kg. Die Kosten für die Verpackung der Ware betragen 15,00 €, die Verpackung wiegt 10 kg.

a Wie teuer ist bei den verschiedenen unten angegebenen Vereinbarungen die Ware insgesamt und je kg?

b Ordnen Sie die Vereinbarungen durch Einsetzen der Ziffern 1–4 von günstig bis ungünstig.

Vereinbarungen	a) Rechnungspreis €/insgesamt	€/je kg	b) Reihenfolge (1–4)
Nettogewicht ausschließlich Verpackung	200,00 €	2,00 €	1
Bruttogewicht ausschließlich Verpackung	220,00 €	2,20 €	3
Nettogewicht einschließlich Verpackung	215,00 €	2,15 €	2
Bruttogewicht einschließlich Verpackung	235,00 €	2,35 €	4

16 In einem Kaufvertrag wurde über den Zeitpunkt der Lieferung keine Vereinbarung getroffen. Für die Lieferung gilt:

Der Käufer kann .... sofort .... verlangen, der Verkäufer kann .... sofort .... liefern.

17 Welche Art von Preisnachlass kann dem jeweiligen Kunden eingeräumt werden?

Preisnachlass für langjährige Kundschaft → Treuerabatt

Preisnachlass bei Abnahme sehr großer Mengen → Mengenrabatt

Nachlass für Betriebsangehörige → Personalrabatt

Nachlass für vorzeitige Zahlung des Kaufpreises → Skonto

Nachlass für Handwerker → Wiederverkäuferrabatt

Preisnachlass bei 50-jährigem Geschäftsjubiläum → Jubiläumsrabatt (Sonderrabatt)

Jahresrückvergütung bei hohem Umsatz → Bonus (Umsatzrabatt)

18 Erklären Sie den Unterschied zwischen Skonto und Rabatt.

Skonto: Preisnachlass, den der Verkäufer dem Käufer bei Zahlung innerhalb einer bestimmten Frist (vor Ablauf des Zahlungsziels) gewährt.

Rabatt: Preisnachlass, der vom Listenpreis (Katalogpreis) aus bestimmten Gründen – z. B. Menge, Treue, Personal – gewährt wird.

LF 6 — Anfrage und Angebot

19) Ein Kaufvertrag wurde am 18. November abgeschlossen. Die Lieferung erfolgte am 4. Dezember. Rechnungsdatum ist der 6. Dezember. Bis zu welchem Datum muss jeweils spätestens bezahlt werden?

- Zahlungsvereinbarung: Vorauszahlung → vor dem 4. Dezember (vor Lieferung)
- Zahlungsvereinbarung: keine → 4. Dezember (sofort bei Lieferung)
- Zahlungsvereinbarung: Ziel 2 Monate → 6. Februar
- Vereinbarung: 4 Monatsraten ab Lieferung → 4. Januar, 4. Februar, 4. März, 4. April

20) Was bedeutet der Vermerk „netto Kasse" auf der Rechnung?

Die Zahlung muss **sofort bei Erhalt der Rechnung ohne Abzug** erfolgen.

21) Welcher Betrag ist bei Ausnutzung des Skontos jeweils zu überweisen?

Rechnung I		Rechnung II	
40 Stück à 2,00 €	80,00 €	90 Stück à 2,00 €	180,00 €
80 Stück à 6,00 €	480,00 €	50 Stück à 6,00 €	300,00 €
Summe netto	560,00 €	Summe netto	480,00 €
+ 19 % USt	106,40 €	+ 19 % USt	91,20 €
Rechnungsbetrag	666,40 €	Rechnungsbetrag	571,20 €

Rechnung I: Skonto 2 % von 666,40 € = 13,33 € → **Überweisung: 653,07 €**

Rechnung II: Skonto 1,5 % von 571,20 € = 8,57 € → **Überweisung: 562,63 €**

22) Wählen Sie aus den folgenden Angeboten das günstigste aus (Bestellmenge: 5 000 Stück).

Angebot I		Angebot II		Angebot III	
Listenpreis	3,00 €	Listenpreis	2,90 €	Listenpreis	2,60 €
Rabatt	20 %	Rabatt	10 %	Rabatt	15 %
Skonto	2 %	Skonto	3 %	Zahlung netto Kasse	
Fracht	50,00 €	Lieferung frei Haus		Lieferung frachtfrei	
Hausfracht (Abfuhr)	10,00 €	einschließlich Verpackung		Hausfracht (Abfuhr)	12,50 €
Verpackung	20,00 €			Verpackung	30,00 €

Berechnung (5 000 Stück):

Angebot I:
- Listenpreis: 5 000 × 3,00 € = 15 000,00 €
- − 20 % Rabatt = 12 000,00 €
- − 2 % Skonto = 11 760,00 €
- + Fracht 50,00 € + Verpackung 20,00 € + Hausfracht 10,00 € = 11 840,00 €
- **Bezugspreis je Stück: 2,368 €**

Angebot II:
- Listenpreis: 5 000 × 2,90 € = 14 500,00 €
- − 10 % Rabatt = 13 050,00 €
- − 3 % Skonto = 12 658,50 €
- (frei Haus einschl. Verpackung)
- **Bezugspreis je Stück: 2,5317 €**

Angebot III:
- Listenpreis: 5 000 × 2,60 € = 13 000,00 €
- − 15 % Rabatt = 11 050,00 €
- + Hausfracht 12,50 € + Verpackung 30,00 € = 11 092,50 €
- **Bezugspreis je Stück: 2,2185 €**

☐ günstigstes Angebot | ☐ günstigstes Angebot | ☒ günstigstes Angebot (Angebot III)

Bestellung und Bestellungsannahme

LF 6

Bestellung und Bestellungsannahme

1 Die Verbindlichkeit von Bestellungen

☐ Bestellungen sind grundsätzlich verbindlich.
☐ Bestellungen sind meistens verbindlich.
☐ Bestellungen sind grundsätzlich unverbindlich.
☐ Bestellungen sind manchmal verbindlich, manchmal unverbindlich.

Kreuzen Sie die richtige Lösung an.

2 Kann eine bereits abgesandte Bestellung noch widerrufen werden? Kreuzen Sie die richtige Lösung an.

☐ Da Bestellungen grundsätzlich verbindlich sind, ist ein Wiederruf nicht möglich.
☐ Da Bestellungen unverbindlich sind, ist ein Wiederruf unnötig.
☐ Ein per Einschreiben erfolgter Widerruf ist jederzeit möglich.
☐ Ein Widerruf ist wirksam, wenn er spätestens mit der Bestellung eintrifft.

3 Ist der Lieferer in den folgenden Fällen rechtlich zur Lieferung verpflichtet? (Kreuzen Sie an.)

Das **Angebot** erfolgte durch:	Die **Bestellung** erfolgte:	JA	NEIN
a) Vertreterbesuch am 7. Januar	telefonisch am 8. Januar	☐	☐
b) verbindlichen Angebotsbrief am 8. Januar	Bestellung brieflich am 21. Januar	☐	☐
c) telefonisches Angebot am 10. Januar	telefonisch sofort	☐	☐
d) Angebot per E-Mail am Vormittag	per E-Mail am Abend	☐	☐
e) Angebot per E-Mail am 12. Januar	telefonisch am 12. Januar	☐	☐

4 Überlegen Sie: Wird ein Kaufmann sich immer daran orientieren, was rechtlich durchsetzbar ist?

....

....

5 In welchen Fällen kommt ein Kaufvertrag erst durch die ausdrückliche Bestellungsannahme zustande?

a Wenn das vorausgehende Angebot ....

b Wenn der Bestellung ....

c Wenn das Angebot ....

6 Ist in den folgenden Fällen eine Bestellungsannahme

	entbehrlich	notwendig	üblich
Es geht die Bestellung eines neuen Kunden ein.	☐	☐	☐
Eine Bestellung weicht erheblich vom Angebot ab.	☐	☐	☐
Die Bestellung wird umgehend ausgeführt.	☐	☐	☐
Die Bestellung erfolgte verspätet. Ware ist nicht mehr vorhanden.	☐	☐	☐
Kunde bestellt telefonisch – Lieferung erfolgt erst später.	☐	☐	☐
Ein Stammkunde bestellt eine ungewöhnlich große Menge.	☐	☐	☐
Einer Bestellung eines Kunden war kein Angebot vorausgegangen.	☐	☐	☐
Das Angebot war freibleibend erfolgt.	☐	☐	☐

(Kreuzen Sie jeweils an.)

LF 6 — Kaufvertrag

Kaufvertrag

1 Bringen Sie die folgenden Begriffe in die sachlich richtige Reihenfolge, indem Sie die Ziffern 1–6 einsetzen:

Auftragsbestätigung ☐ Lieferung ☐ Bestellung ☐
Angebot ☐ Rechnung ☐ Anfrage ☐

2 Durch welche Willenserklärungen kommt in den folgenden Fällen der Kaufvertrag zustande? (Kreuzen Sie an.)

… biete ich Ihnen verbindlich an.
☐ Angebot
☐ Bestellung
☐ Bestellungsannahme

… biete ich freibleibend an.
☐ Angebot
☐ Bestellung
☐ Bestellungsannahme

3 Neben dem normalen Kaufvertrag gibt es einige Arten von Kaufverträgen mit besonderen Bedingungen. Welcher dieser besonderen Kaufverträge liegt in den folgenden Fällen vor?

Ein Einzelhändler bestellt den gesamten Bedarf für die Sommersaison, lässt sich aber nur jeweils Teilmengen liefern. → _____

Wir bestellen bei einem Lieferer 1 500 Paar Damenstrümpfe. Die Farben und Größen teilen wir ihm innerhalb einer vereinbarten Frist mit. → _____

Ein Eisenwarengeschäft benötigt zu einem bestimmten Termin Türschlösser. Welche besondere Art des Kaufvertrages schließt es mit seinem Lieferer ab? → _____

Ein Fernsehgerät wird einem Kunden für einige Tage zum Ausprobieren überlassen. Danach soll sich der Kunde entscheiden, ob er das Gerät kaufen will. → _____

Ein Weinhändler lässt sich von einem Weingut zwei Flaschen Wein als Muster zusenden, um zu prüfen, ob er diesen in sein Sortiment aufnehmen will. → _____

Auf die Prüfung eines Musters hin wird eine größere Menge der Ware bestellt, die dem Muster entsprechen muss. → _____

4 Entscheiden Sie, wann die Gefahr für die Ware vom Verkäufer auf den Käufer übergeht (= Erfüllungsort).

a Verkauf im Ladengeschäft: _____

b Nachnahmeversand durch die Post: _____

c Zusendung durch eine Spedition: _____

d Lieferung mit eigenem Lieferwagen: _____

5 Ein Großhändler in Köln verkauft Waren an einen Einzelhändler in Ulm. Vereinbarungen über den Erfüllungsort wurden im Kaufvertrag nicht getroffen.

gesetzlicher Erfüllungsort (Lieferung): _____ Gerichtsstand (Lieferung): _____

gesetzlicher Erfüllungsort (Bezahlung): _____ Gerichtsstand (Bezahlung): _____

Kaufvertrag — LF 6

6 Der Hersteller einer Ware in Essen liefert an einen Einzelhändler in Fürth. Im Kaufvertrag steht: „Erfüllungsort für beide Teile ist Essen."

vertraglicher Erfüllungsort (Lieferung): _____ Gerichtsstand (Lieferung): _____

vertraglicher Erfüllungsort (Bezahlung): _____ Gerichtsstand (Bezahlung): _____

7 Welches Gericht ist in den folgenden Fällen sachlich und örtlich zuständig, wenn über den Gerichtsstand keine Vereinbarungen getroffen wurden?

a Ein Möbelgeschäft in Hannover will seinen Privatkunden aus Celle wegen der Nichtbezahlung von 3.600,00 € verklagen.

Gerichtsstand ist: _____ zuständiges Gericht: _____

b Ein Einzelhändler in Leipzig will einen Fabrikanten in Dresden wegen der Nichtlieferung bestellter Waren im Wert von 10.800,00 € verklagen. Wie ist die Rechtslage?

Gerichtsstand ist: _____ zuständiges Gericht: _____

8 Welche Bedeutung hat es für einen Einzelhändler, wenn er Ware „in Kommission" nimmt?

Wer ist Eigentümer der Ware? _____

Was erhält der Einzelhändler beim Verkauf der Ware?

_____

Was ist, wenn die Ware unverkäuflich bleibt?

_____

Was bedeutet es, wenn man sagt, der Einzelhändler verkauft „im eigenen Namen, aber für fremde Rechnung"?

_____
_____
_____

9 Die Rechnung muss sachlich und rechnerisch überprüft werden. Was ist darunter zu verstehen?

Die Rechnung ist *sachlich richtig*, wenn sie nach _____, _____ und _____ mit Angebot und Bestellung übereinstimmt.

Die Rechnung ist *rechnerisch richtig*, wenn _____, _____ und _____ in der Rechnung richtig berechnet wurden.

10 Beim Abschluss eines Kaufvertrages wurde vereinbart: „Zahlung innerhalb 10 Tagen 2 % Skonto, innerhalb 30 Tagen netto Kasse". Beim Eingang der Rechnung über 464,00 € lesen Sie auf dem Rechnungsformular „zahlbar sofort ohne Abzug". Wie verhalten Sie sich richtig? (Kreuzen Sie an.)

☐ Ich überweise 464,00 € entsprechend dem Rechnungszusatz.
☐ Ich überweise 452,40 € nach Ablauf von 30 Tagen.
☐ Ich überweise 464,00 € nach Ablauf von 10 Tagen.
☐ Ich überweise 452,40 € nach Ablauf von 10 Tagen.

LF 6

Schriftverkehr

Schriftverkehr

1 Trotz neuer, schneller Medien wie E-Mail, Fax und SMS kann der Kaufmann nicht auf den formgerechten Geschäftsbrief verzichten. Benennen Sie, was ein Einheitsbrief enthalten muss:

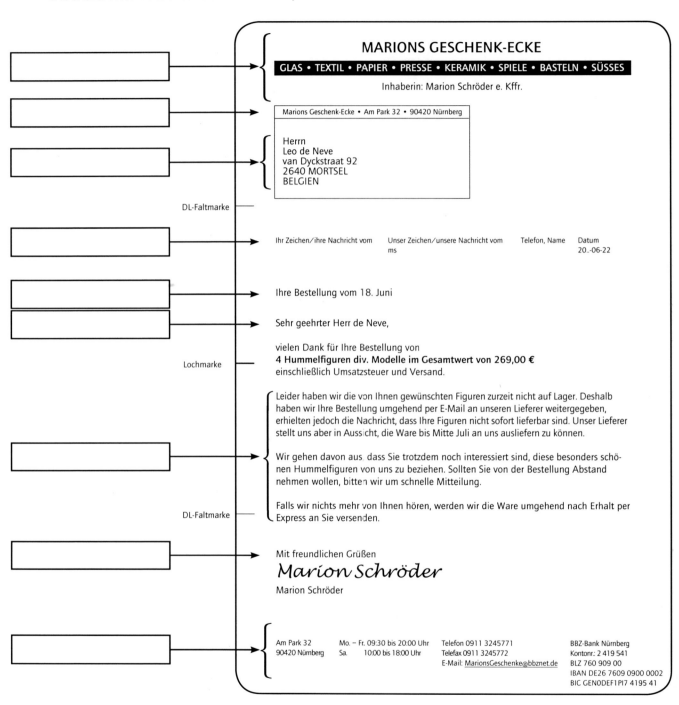

2 Das Format des Geschäftsbriefes

Die normale Größe des Geschäftsbriefes ist das Format .... (= diese Seite Ihres Arbeitsheftes).

Halbiert man dieses Blatt, erhält man das Format ....

Nimmt man zwei A4-Blätter, erhält man ....

Schriftverkehr — LF 6

3 Aufbewahrungsfristen nach HGB:

6 Jahre: .... 10 Jahre: ....

4 Die Datumsangabe

herkömmliche Schreibweise	DIN-Vorschrift/Zahlen	DIN-Vorschrift/Buchstaben
15.01.2005		
12.12.2006		
24.05.2007		

5

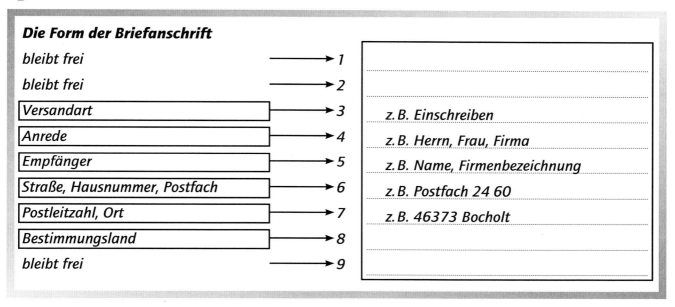

a an die Spedition Oetterli & Schregenberger, Loretostr. 20, 4500 Solothurn, Schweiz, per Express

b per Einschreiben an Rechtsanwalt Dr. Gerhard Müller, Kaufingerstraße 20, 80331 München

c an Textilwerke Otto Frank und Sohn, Postfach 2 41 32, 56068 Koblenz

LF 6

Schriftverkehr

6 Frau Schröder erteilt Ihnen den Auftrag, der Kundin Maria Wiener, Helgolander Str. 22, 90425 Nürnberg, mitzuteilen, dass eine nachbestellte Ware (Ihrer Wahl) nicht am 20. Februar abholbereit sein wird, sondern erst etwa einen Monat später. Entschuldigen Sie sich und versprechen Sie die telefonische Mitteilung des neuen Abholtermins.

MARIONS
GESCHENK-ECKE

Inhaberin: Marion Schröder e. Kffr.

Marions Geschenk-Ecke • Am Park 32 • 90420 Nürnberg

KURZMITTEILUNG vom

Lernfeld 7: **Waren annehmen, lagern und pflegen**

Warenannahme

Situation: *Kai Müller ist Verkäufer in einem Elektrofachgeschäft. Kurz vor Ladenschluss übergibt ein DHL-Kurier an Kai drei Kartons. Kai hat es sehr eilig, rechtzeitig Feierabend zu machen, unterschreibt schnell auf dem Lieferschein und stellt die Kartons in eine Ecke des Lagers. Am nächsten Morgen hat Kai die Lieferung bereits vergessen. Drei Tage später findet sein Chef Herr Stein eine Rechnung über die Warenlieferung in der Post vor. Er begibt sich auf die Suche und findet die drei Kartons in der Ecke des Lagers: Zwei der drei Kartons weisen Beschädigungen auf und als er die Kartons zusammen mit Kai auspackt, sind die Elektrogeräte in den beschädigten Kartons am Gehäuse eingebeult und verkratzt. Herr Stein ist wütend und schimpft: „Als ausgebildeter Verkäufer darf dir so etwas nicht passieren!"*

1 Kann Herr Stein die Lieferung beim Lieferer noch reklamieren? Lesen Sie § 377 HGB.

> **§ 377 HGB (Auszug)**
> (1) Ist der Kauf für beide Teile ein Handelsgeschäft, so hat der Käufer die Ware unverzüglich nach der Ablieferung durch den Verkäufer, soweit dies nach ordnungsmäßigem Geschäftsgang tunlich ist, zu untersuchen und, wenn sich ein Mangel zeigt, dem Verkäufer unverzüglich Anzeige zu machen.
> (2) Unterlässt der Käufer die Anzeige, so gilt die Ware als genehmigt, es sei denn, dass es sich um einen Mangel handelt, der bei der Untersuchung nicht erkennbar war. (...)

2 Erklären Sie den Begriff „unverzüglich".

3 Welche Kontrollen hätte Kai beim Wareneingang in Anwesenheit des Überbringers durchführen sollen?

4 Wie hätte sich Kai verhalten sollen, wenn er bei der Warenannahme die Beschädigungen bereits erkannt hätte?

5 Warum muss auf Beschädigungen der Transportverpackung geachtet werden?

LF 7 — Warenannahme

6 Kommt neue Ware beim Einzelhändler an, so ist eine geordnete Warenannahme erforderlich. Vervollständigen Sie mit der Wörterliste die unten stehende Übersicht.

Wortliste: Beanstandungen – Bestellung – einwandfrei – geordnet auflegen – Warenlieferung – Umfang des Mangels – Inhaltliche Prüfung – Warenbegleitpapier – wiederverwenden – Art der Ware – Lieferschein (2x) – Wareneingangserfassung – Mangelart – Transportverpackung – Menge der Ware – Berechtigung – Güte der Ware – Anzahl, Gewicht – Einkauf – Frachtbrief – unverzüglich – fehlerhaft – auszeichnen – Aufschrift – umpacken – Beschaffenheit der Ware – zurücksenden – Mangelrüge – Rechnung – äußere Verpackung – äußere Prüfung – sammeln (Recycling) – lagern – Lieferer

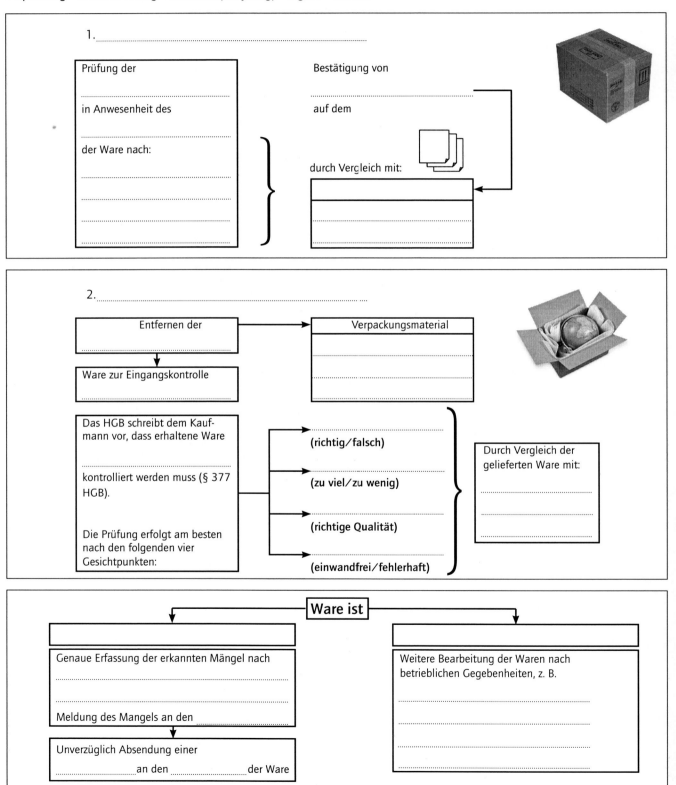

Warenannahme — LF 7

7 Bei der Überprüfung einer Warensendung stellen Sie fest, dass drei Kartons leicht beschädigt sind. Wie verhalten Sie sich richtig? (Kreuzen Sie an.)

☐ Sie nehmen die Lieferung an und bestätigen den Empfang, da es nur leichte Beschädigungen sind.
☐ Sie verweigern die Annahme der Lieferung.
☐ Sie bestätigen auf dem Lieferschein den Empfang und schreiben später eine Mängelrüge.
☐ Sie nehmen nur die unbeschädigten Kartons an und geben die beschädigten gleich wieder mit.
☐ Sie lassen die Beschädigung vom Überbringer bestätigen und nehmen die gesamte Lieferung an.

8 Bringen Sie die Bearbeitung eines Wareneingangs in die richtige Reihenfolge, indem Sie die Ziffern 1–6 neben den Arbeitsschritten eintragen.

☐ Sie kontrollieren die Anzahl der Pakete und überprüfen die äußere Verpackung.
☐ Sie prüfen die Berechtigung der Lieferung.
☐ Sie melden den Wareneingang der mangelfreien Ware an den Einkauf.
☐ Sie packen die Ware aus.
☐ Sie unterschreiben auf dem Lieferschein oder Frachtbrief.
☐ Sie führen die inhaltliche Prüfung der gelieferten Ware durch.

9 Finden Sie das Lösungswort. (Ä, Ö, Ü = 1 Feld)

1. Die äußere Prüfung sollte in seiner Anwesenheit erfolgen.
2. Bei bestimmten Waren kann nicht die Anzahl, sondern nur deren … geprüft werden.
3. Ohne schuldhafte Verzögerung, d. h. im normalen Geschäftsverlauf.
4. Auspacken der Ware und die Warenkontrolle gehören zur … Prüfung der Ware.
5. So nennt man die schriftliche Form einer Beanstandung.
6. Die Transportverpackung wird auf äußere … hin überprüft.
7. Papier, das im Güterverkehr verwendet wird.
8. Unternehmen, das mit dem Gütertransport beauftragt wird.
9. Die Meldung des Mangels erfolgt an den … .
10. Der Lieferer ist verpflichtet, sie wieder zurückzunehmen.
11. Damit es keine unverlangte Lieferung ist, wird zunächst die … der Lieferung geprüft.
12. Bei der Warenkontrolle wird unter anderem geprüft, ob zu viel oder zu wenig geliefert wurde.
13. Wichtigstes Papier bei der Warenannahme.
14. Enthält u. a. Menge, Art und Bezeichnung der gelieferten Ware und kann daher bei der Warenkontrolle verwendet werden.

LF 7

Nicht-Rechtzeitig-Lieferung

Situation: *Marion Schröder besitzt ein Schreibwarengeschäft. Aufgrund eines Angebotes ihres Lieferers hat Frau Schröder Schulhefte für den Schulanfang bestellt; Lieferung ab Ende Mai d. J. Am 15. Juni ist die Ware noch nicht eingetroffen.*

1 Befindet sich der Lieferer bereits am 15. Juni in Verzug? Begründen Sie kurz Ihre Meinung.

2 Frau Schröder verlangt per E-Mail die Lieferung. Welche Punkte sollte die E-Mail enthalten?

3 Erstellen Sie für Frau Schröder die Mahnung an den Lieferer, in der sie die Lieferung bis zum 20. Juni verlangt.

Schreibwarenhandlung Marion Schröder

Von: <SchreibwarenSchröder@wvd.com> Gesendet: Dienstag, 15. Juni 20.. 13:54
An: <GroßhandlungSchmidt@wvd.de> Betreff: Nichtlieferung bestellter Schulhefte

Nicht-Rechtzeitig-Lieferung — LF 7

4 In welchen Fällen trifft den Lieferer ein Verschulden an der Nichtlieferung von Ware? Frau Schröder erhält als Antwort eine E-Mail – Situationen a) bis e) –, in welcher der Lieferer erklärt, dass …

	(Vorsatz, Fahrlässigkeit, höhere Gewalt)	(Kreuzen Sie an.)
a) … er nicht liefern will.		☐ Verschulden ☐ kein Verschulden
b) … er die Lieferung vergessen hat.		☐ Verschulden ☐ kein Verschulden
c) … sein Betrieb bestreikt wird.		☐ Verschulden ☐ kein Verschulden
d) … er die Ware überhaupt nicht hat.		☐ Verschulden ☐ kein Verschulden
e) … er die Ware zu spät bestellt hat.		☐ Verschulden ☐ kein Verschulden

5 Von welchem Recht kann Frau Schröder nach Setzen einer angemessenen Nachfrist Gebrauch machen, selbst wenn den Lieferer kein Verschulden trifft?

6 Angenommen Frau Schröder hatte im Kaufvertrag „Lieferung bis 30. Mai fix" vereinbart. Wann ist der Lieferer dann in Verzug?

7 Vervollständigen Sie unten stehende Übersicht zu den Voraussetzungen und dem Eintritt des Lieferungsverzugs.

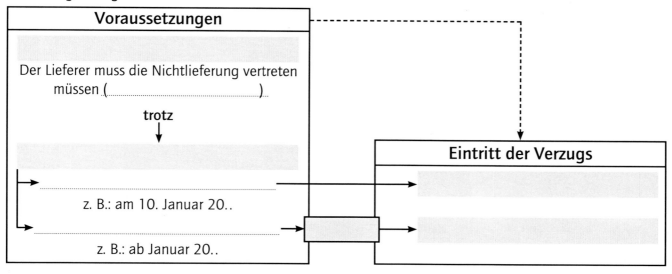

8 Welches ihrer Rechte aus dem Lieferungsverzug wird Frau Schröder in den folgenden Situationen jeweils wählen?

a Marion Schröder hat noch einen Vorrat an Schulheften und möchte die gleiche Ware von ihrem Lieferer haben.

Recht ....

und evtl. ....

LF 7
Nicht-Rechtzeitig-Lieferung

b Marion Schröder erhält soeben ein günstigeres Angebot von einem anderen Lieferer.

Recht ....

und evtl. ....

c Marion Schröder benötigt dringend die Hefte und bestellt bei einem teureren Lieferer.

Recht ....

und evtl. ....

9 In ihrer E-Mail an den Lieferer am 10. Juni hatte Frau Schröder diesem einen neuen Liefertermin bis zum 20. Juni gesetzt. Welche Aussage zur Nachfrist ist richtig? (Kreuzen Sie an.)

☐ Das Setzen einer Nachfrist ist nur nötig, wenn der Käufer vom Vertrag zurücktreten möchte.
☐ Die Nachfrist muss so gesetzt werden, dass der Lieferer Zeit hat, die Ware noch beschaffen zu können.
☐ Eine Nachfrist muss nicht gesetzt werden, wenn der Lieferer erklärt, dass er nicht liefern will.
☐ Besteht der Käufer auf die Lieferung, so muss er trotzdem eine Nachfrist setzen.
☐ Bei einem Fixkauf ist das Setzen einer Nachfrist ebenfalls zwingend erforderlich.

10 Ein Einzelhändler hatte im Kaufvertrag „Lieferung bis Mitte Juni" vereinbart. Am 5. Juli ist die Lieferung noch nicht eingetroffen. Welche Aussage ist richtig? (Kreuzen Sie an.)

☐ Da der Termin kalendermäßig bestimmbar ist (Mitte Juni), ist keine Mahnung erforderlich.
☐ Der Lieferer ist ab dem Tag in Verzug, an dem der Käufer die Verspätung bemerkt (hier: 5. Juli).
☐ Der Lieferer ist mit Ablauf des Monats Juni in Verzug.
☐ Der Lieferer kommt erst durch Eingang einer Mahnung in Verzug.
☐ Der Lieferer kann nicht in Verzug gesetzt werden, weil kein genauer Liefertermin gesetzt wurde.

11 Ware, die innerhalb von 7 Tagen ab einem unbestimmten Zeitpunkt geliefert werden sollte, ist nach 12 Tagen immer noch nicht eingetroffen. Welches Recht steht dem Käufer zu? (Kreuzen Sie an.)

☐ Rücktritt vom Kaufvertrag
☐ auf Lieferung bestehen und Schadensersatz (Verzögerungsschaden) verlangen
☐ keines, weil der Lieferer erst in Verzug gesetzt werden muss
☐ Lieferung ablehnen und Schadensersatz für die Kosten eines Deckungskaufes verlangen
☐ Lieferung verlangen und Schadensersatz für entgangenen Gewinn

12 Bei welchen Lieferterminen muss gemahnt werden, damit der Lieferer in Verzug kommt? (Kreuzen Sie an.)

☐ am 13. September   ☐ lieferbar ab Februar   ☐ fix
☐ bis 24.07.   ☐ 25. Kalenderwoche   ☐ drei Wochen nach Abruf
☐ bis Ende März   ☐ frühestens im Juli   ☐ ab Mitte November

Nicht-Rechtzeitig-Lieferung — LF 7

13 Welches Recht würden Sie beim Lieferungsverzug in Anspruch nehmen? Ordnen Sie den Fällen jeweils die Ziffern 1–4 zu.

1 Rücktritt vom Vertrag u. evtl. Schadensersatz
2 auf Lieferung bestehen u. evtl. Schadensersatz
3 Schadensersatz statt der Leistung
4 Rücktritt vom Vertrag und Ersatz vergeblicher Aufwendungen

☐ Die Ware kann von einem anderen Lieferer günstiger bezogen werden und es sind Folgekosten entstanden.
☐ Die Ware kann bei anderen Lieferern nicht rechtzeitig erhalten werden.
☐ Die Ware musste nach Ablauf der Nachfrist bei einem anderen Lieferer teurer beschafft werden.
☐ Die Preise für die Ware sind allgemein gesunken.

14 Verlangt der Kunde von seinem säumigen Lieferer Schadensersatz, so will er dadurch so gestellt werden, als sei der Vertrag ordnungsgemäß erfüllt worden. Man unterscheidet die konkrete und die abstrakte Schadensberechnung.

Wert der nicht gelieferten Ware:	600,00 €
Preis für Deckungskauf:	798,00 €
Angefallene Kosten:	115,00 €
Verkaufspreis der Ware:	950,00 €

konkrete Schadensberechnung (Deckungskauf)	abstrakte Schadensberechnung (entgangener Gewinn)

LF 7

Schlechtleistung

Situation: *Der Elektrogerätehersteller Lachmann & Co. KG, 30559 Hannover, lieferte aufgrund der Bestellung vom 24. März diesen Jahres seinem langjährigen Kunden, der Haushaltseinzelhandlung Wagner OHG in Nürnberg, am 29. März insgesamt 10 Mikrowellen vom Typ „Cookmate 3000" (Auftragsnr.: 4 235). Bei der Prüfung der Warensendung wurde folgender Mangel festgestellt: 2 Mikrowellen weisen am Gehäuse starke Lackschäden auf, sodass diese allenfalls als Sonderangebot verkäuflich sind.*

1 Welche Mangelart liegt hier vor?

2 Wann muss Frau Wagner den Mangel rügen? (Geben Sie eine kurze Begründung.)

3 Begründen Sie, von welchem Recht Sie im vorliegenden Fall Gebrauch machen würden.

4 Verfassen Sie die Mängelrüge zu obigem Sachverhalt.

Haushaltswaren Wagner OHG
Blumenstraße 9 • 90478 Nürnberg

Lachmann & Co. KG	Tel.: 0911 386571
Lindenstraße 14	Fax: 0911 3865712
30559 Hannover	Internet: www.Haushaltswarenwagner.wvd.de
	E-Mail: info@haushaltswagner-wvd.de

Schlechtleistung — LF 7

5 Je nachdem, ob der Käufer Kaufmann oder Nichtkaufmann ist, sind die Reklamationsfristen unterschiedlich geregelt. Vervollständigen Sie unten stehende Tabelle und tragen Sie jeweils die Reklamationsfristen ein.

Kaufarten \ Mängel	offene Mängel	versteckte Mängel	arglistig verschwiegene Mängel
zweiseitiger Handelskauf			
einseitiger Handelskauf und bürgerlicher Kauf			

6 Der Gesetzgeber unterscheidet bei der mangelhaften Lieferung zwischen vorrangigen und nachrangigen Rechten. Vervollständigen Sie das Schaubild.

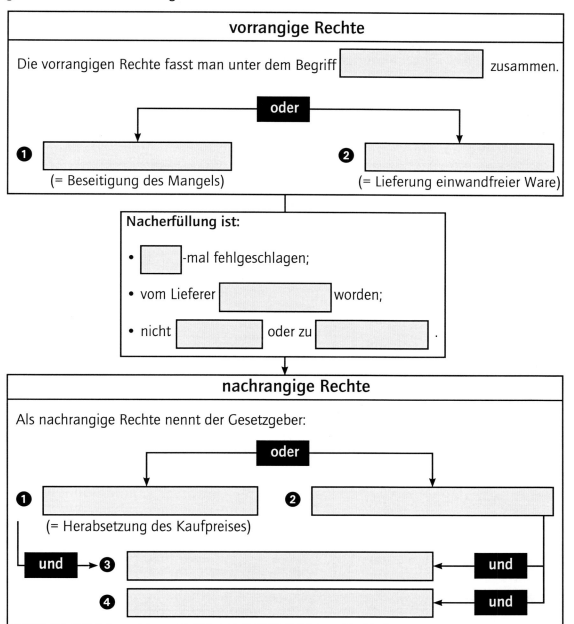

LF 7 — Schlechtleistung

7 Welches Recht wird bei den folgenden mangelhaften Lieferungen jeweils verlangt werden?

Beschreibung des Mangels	Welches Recht wählt der Käufer?
Ein Computerbauteil funktioniert nicht.	
Eine Glühlampe in einer verkauften Nachttischlampe brennt nicht.	
Nach 2-maliger Nachbesserung ist ein Möbelstück für einen Käufer noch fehlerhaft.	
Eine fehlerhafte Sonderanfertigung wird nicht abgenommen, eine Reparatur ist nicht möglich. Der Käufer bestellt bei einem anderen Lieferer.	
Die Nacherfüllung bei einem Herrenanzug mit kaum auffälligen Webfehlern wurde verweigert. Der Käufer will den Anzug behalten.	
Wir verlangen bei einer mangelhaften Lieferung eine Ersatzlieferung. Der Lieferer ist nicht damit einverstanden. Uns liegt ein günstigeres Angebot vor.	
Bei einem von uns ausgelieferten Kaffeeservice sind zwei Tassen aufgrund mangelhafter Verpackung zerbrochen.	
Der Saum an einem neu gekauften Kleid ist ausgerissen.	

8 In den meisten Fällen von mangelhafter Lieferung handelt es sich um das Vorhandensein von Sachmängeln. Welche Mängel sind das vor allem?

a ....

b ....

c ....

d ....

9 Um welche Mangelart handelt es sich in den Beispielen? Vervollständigen Sie die Tabelle.

Beispiele	Mangel	Erkennbarkeit
Berufsschüler Timo verkauft seinem Schulfreund Markus einen MP3-Player, der seiner Schwester Anna gehört.		
Roland kauft eine Stereoanlage. Wegen der schwer verständlichen Anleitung verursacht er bei der Montage am Gerät einen erheblichen Schaden.		

Schlechtleistung — LF 7

Beispiele	Mangel	Erkennbarkeit
Das in der Werbung hoch gepriesene 3-Liter Auto braucht tatsächlich 6 Liter auf 100 km.		
Einzelhändler Müller hat 300 Stück Bleistifte bestellt. Der Lieferer lieferte ihm 3 000 Stück Kugelschreiber.		
Eine digitale Kamera leistet nur eine Auflösung von 1,2 Mio. Pixel, obwohl 3 Mio. Pixel vereinbart waren.		
Ein Verkäufer verkauft wissentlich eine Sitzecke als fabrikneu, obwohl es sich um Umtauschware handelt.		
Ein gekaufter Schrank hat Kratzer auf der Tür.		

10 Eine Kundin kommt aufgebracht in die Haushaltswarenabteilung. Sie reklamiert Geschirr, bei dem die Farbe bereits beim ersten Spülgang verblasst ist. Die Kundin will sofort das Geld zurückhaben.

a Welche Rechte hat die Kundin aufgrund der Gesetzeslage?

....

....

....

b Was versteht man bei einem Verkauf an einen Nichtkaufmann unter der „Umkehr der Beweislast"?

Bei einer Mängelrüge innerhalb von 6 Monaten:

....

Bei einer Mängelrüge nach Ablauf von 6 Monaten:

....

c Welche Schritte kann der Einzelhändler gegen den Lieferer des Geschirrs unternehmen?

....

....

....

d Wie reagieren Sie bei einer ähnlichen Situation in Ihrem Betrieb? Warum?

....

....

LF 7 — Aufgaben und Arten der Lagerhaltung

Aufgaben und Arten der Lagerhaltung

1 Welche Aufgaben übernimmt die Lagerhaltung in den folgenden Fällen?

Fall	Aufgabe
1. Käse wird eingelagert, damit sich der Geschmack und der Schimmel voll entwickeln können.	
2. Wir füllen das Lager mit Kaffee, weil wir erwarten, dass der Kaffee im nächsten Quartal teurer wird.	
3. Es wird von einer bestimmten Ware eine größere Menge gelagert, weil der Produzent Lieferschwierigkeiten angekündigt hat.	
4. Ein Einzelhändler kauft eine große Menge Honig und erhält Mengenrabatt.	
5. Einzelhändler Müller bestellt bereits im Winter die neue Bademodenkollektion.	
6. Eine Lebensmitteleinzelhandlung bestellt eine große Menge Dosen, um weniger Geld für Verpackung und Transport zu zahlen.	
7. Im Lager werden Waren in kleinere Verkaufseinheiten zusammengestellt.	

2 Welche Lagerarten werden im Einzelhandel unterschieden?

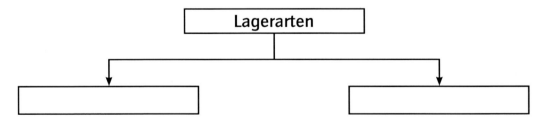

3 Nennen Sie die wichtigsten Aufgaben des Reservelagers.

Aufgaben und Arten der Lagerhaltung

LF 7

 An die Einrichtung eines Lagers werden unterschiedliche Anforderungen gestellt. Finden Sie das Lösungswort.

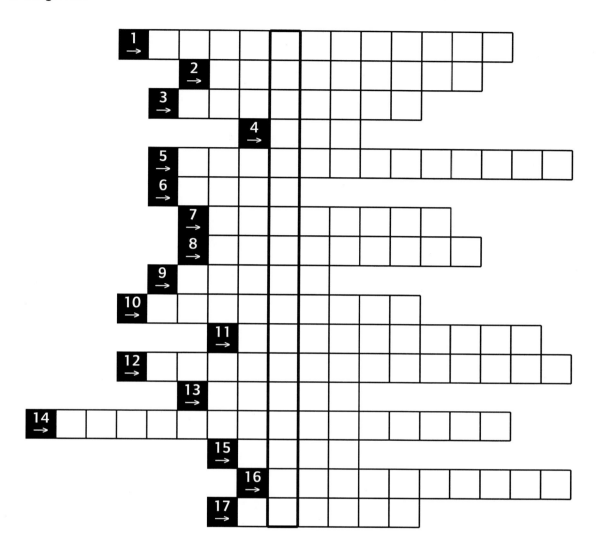

1. Wichtiges Hilfsmittel im Lager zur Beförderung schwerer Waren.
2. So bezeichnet man die Lagerorganisation, wenn die Ware willkürlich auf freie Lagerplätze verteilt wird.
3. Die Art der Lagerung richtet sich nach dem zu lagernden Produkt. Das heißt, die Lagerung muss ... erfolgen.
4. Bei der chaotischen Lagerorganisation kann auf sie nicht verzichtet werden, da man sonst die Waren nur schwer auffinden kann.
5. Eine sinnvolle Lagerorganisation hilft, das Lager ... zu halten.
6. Regel beim Einordnen der Ware: Neue (frische) Ware kommt hinter (unter) die alte, damit die alte Ware zuerst verkauft wird.
7. Das Lager muss so sein, damit bspw. bei Spitzenbelastungen der innerbetriebliche Transport durch herumstehende Waren nicht gefährdet wird.
8. Beim Festplatzsystem bedient man sich dieser Übersicht, damit der Platz einer Ware eindeutig und fest dem Artikel zugeordnet ist.
9. Wichtiger Einrichtungsgegenstand, um Waren zu lagern.
10. Wichtigstes Lager im Einzelhandel ist der ...
11. Diese Anforderung sollte jedes Lager erfüllen, um die Gefahr eines Brandes, eines Diebstahls oder eines Unfalls zu vermindern.
12. Jedes Lager sollte so betrieben werden, um die Kosten so gering wie möglich zu halten.
13. Neben Messgeräten wird im Lager auch dieses Gerät häufig benötigt.
14. Bei dieser Form der Lagerorganisation hat jeder Artikel einen festen Platz im Lager.
15. Die Ware wird so eingeordnet, dass die neue Ware zuerst verkauft wird.
16. Nur wenn ein Lager so ist, können Waren schneller gefunden werden und die Sicherheit wird ebenfalls erhöht.
17. Wenn sich dies im Lager ereignet, so muss es an die Berufsgenossenschaft gemeldet werden.

LF 7 — Aufgaben und Arten der Lagerhaltung

5 Wo können im Bereich der Lagerhaltung Gefährdungen für den Mitarbeiter bestehen?

6 Welche Maßnahmen werden in Ihrem Betrieb ergriffen, um die Gefährdungen für die Mitarbeiter im Lagerbereich zu reduzieren?

7 Zur Sicherheit des Personals sind in den Einzelhandelsbetrieben Unfallverhütungsvorschriften zu beachten. Wer erlässt und überwacht diese Vorschriften?

8 Interpretieren Sie die abgebildete Tabelle über unfallauslösende Gegenstände. Welche Gegenstände im Bereich des Lagers sind besonders gefährlich? Besuchen Sie die Internetseite www.bghw.de und suchen Sie sich die Vorschriften/Merkblätter von drei der aufgeführten unfallauslösenden Gegenständen, die sich auch in Ihrem Ausbildungsbetrieb befinden.

Unfallauslösende Gegenstände	Anzahl	Anteil
Aufschnittschneidemaschinen	1 656	4,8 %
Behälter, Flaschen, Container	2 466	7,1 %
Fußböden, Gehwege	5 255	15,2 %
Haushaltsgeräte, Hausrat, Haushaltsgegenstände	1 519	4,4 %
Hubwagen	1 005	2,9 %
Leitern	1 100	3,2 %
Menschen	1 011	2,9 %
Messer	4 194	12,1 %
Paletten	1 224	3,5 %
Rollbehälter	1 318	3,8 %
Treppen	1 731	5,0 %
Türen, Tore	1 161	3,4 %
Sonstiges	10 992	31,7 %
Summe der meldepflichtigen Arbeitsunfälle	34 632	100 %

Quelle: BGHW, Bonn

Inventar und Inventur — LF 7

9 Ergänzen Sie die Tabelle:

Nachteile eines zu kleinen Lagerbestandes	Nachteile eines zu großen Lagerbestandes

Inventar und Inventur

1 Warum führt der Einzelhändler eine Inventur durch?

Zeichnung: Detlef Surrey

2 Erklären Sie kurz die beiden folgenden Bezeichnungen:

Inventur ▶

Inventar ▶

3 Nach dem Durchführungszeitpunkt unterscheidet man drei Inventurarten. Vervollständigen Sie die Grafik und geben Sie jeweils eine kurze Erklärung.

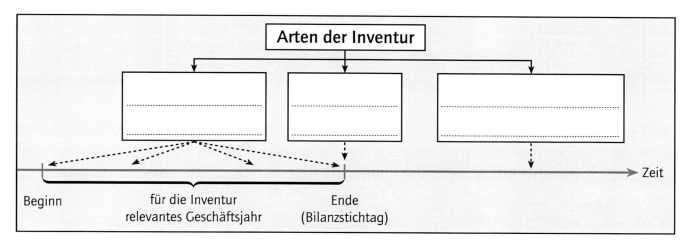

LF 7 — Lagerbestandsarten

4 Betrachten Sie die Inventurliste. Woher erhalten Sie die Soll- und Istbestände? Worauf lassen sich die Inventurdifferenzen zurückführen?

Inventurliste

	Soll	Ist
Ware A	44	47
Ware B	23	22
Ware C	117	220

Sollbestände ergibt die ... _____

Istbestände ergibt die ... _____

Gründe für Inventurdifferenzen:
- _____
- _____
- _____
- _____

Lagerbestandsarten

1 Der Technikmarkt MEDIA GmbH in Regensburg verkauft unter anderem die Digitalkamera vom Typ PIXA XX-200. Der durchschnittliche Tagesverkauf beträgt 10 Stück und es wurde ein Mindestlagerbestand von 40 Stück festgelegt. Die Wiederbeschaffungszeit beträgt 3 Tage und die Bestellmenge 100 Stück. Berechnen Sie den ...

Meldebestand	Höchstbestand

2 Erklären Sie folgende Begriffe:

Mindestbestand	Höchstbestand	Meldebestand

Lagerkennzahlen — LF 7

3 Stellen Sie das Ergebnis grafisch im Zeitablauf dar. Machen Sie die Bestandsgrößen sowie die Bestellzeitpunkte in der Zeichnung kenntlich. (x-Achse: Tage; y-Achse: Bestand in Stück)

Lagerkennzahlen

1 Was sind Lagerkennzahlen?

....

....

2 Unterscheiden Sie die folgenden Fachbegriffe:

Absatz ▶ ....

Umsatz ▶ ....

Wareneinsatz ▶ ....

3 Berechnen Sie die Lagerkennziffern der beiden Einzelhandelsunternehmen.

	Abel	Braun
Anfangsbestand am 1. Januar	120.000,00 €	150.000,00 €
12 Monatsbestände (Jan.–Dez.)	1.505.000,00 €	2.255.000,00 €
Wareneinsatz	750.000,00 €	1.387.500,00 €
⌀ Lagerbestand		
Umschlagshäufigkeit		
⌀ Lagerdauer		

4 Ein Lebensmitteleinzelhändler hatte bei Dosen eines best. Herstellers einen durchschnittlichen Lagerbestand von 120 Stück. Welchen Jahresabsatz hat der Händler, wenn die Umschlagshäufigkeit 55 beträgt?

LF 7 — Lagerkennzahlen

5 Der durchschnittliche Lagerbestand beträgt 33.000,00 €. Die Umschlagshäufigkeit beträgt 6. Berechnen Sie die Lagerdauer in Tagen und den Wareneinsatz.

6 Die monatliche Bestandsfortschreibung eines Einzelhandelsbetriebes ergibt die folgenden Werte:

Inventurwert Vorjahr	147.000,00 €
Januar	160.000,00 €
Februar	210.000,00 €
März	205.000,00 €
April	232.000,00 €
Mai	219.000,00 €
Juni	202.000,00 €
Juli	216.000,00 €
August	212.000,00 €
September	220.000,00 €
Oktober	232.000,00 €
November	260.000,00 €
Dezember (Inventur)	150.000,00 €
Wareneinsatz	**922.500,00 €**

Berechnen Sie:
1. durchschnittlicher Lagerbestand: _____
2. Umschlagshäufigkeit: _____
3. durchschnittliche Lagerdauer: _____

Was besagt der durchschnittliche Lagerbestand?

Was besagt die Umschlagshäufigkeit?

Was besagt die durchschnittliche Lagerdauer?

7 Unser Betrieb macht zu jedem Quartalsende eine Zwischeninventur. Wie lautet die Formel für den durchschnittlichen Lagerbestand, wenn man diese Werte dafür heranzieht?

durchschnittlicher Lagerbestand =

8 In einem Einzelhandelsbetrieb ist die Umschlagshäufigkeit von 3 auf 2,5 gesunken. Ist dies eine positive oder negative Entwicklung für den Einzelhändler?

9 Mit welcher Lagerkennzahl lässt sich feststellen, welcher Artikel ein „Renner" oder „Penner" ist? Welche Schlussfolgerungen für die Sortimentsplanung lassen sich ziehen?

Lernfeld 9: **Preispolitische Maßnahmen vorbereiten und durchführen**

Preisangabenverordnung

1 Preisangabenverordnung (PAngV)

Alle **a** innerhalb oder außerhalb _____

b in _____

c bei _____

an _____ angebotenen Waren müssen mit Preisen ausgezeichnet sein.

2 Welche Angaben muss das Preisschild enthalten?

a immer: _____

b falls erforderlich: _____

_____

_____

_____

3 Was ist von der Preisauszeichnung ausgenommen?

a _____

_____

b _____

_____

c _____

LF 9 — Preispolitik

Preispolitik

1 Wodurch kann die Preisfestsetzung im Einzelhandel beeinflusst werden?

a durch eigene ....

b durch Empfehlung ....

c durch die Preise ....

2 Welche Faktoren wirken sich auf die Preisgestaltung aus?

– Einkaufsbedingungen: ....

– Aufwendungen im Geschäft: ....

– Forderungen des Staates: ....

– Gewinn des Unternehmers: ....

3 Die Kalkulation ergab für drei Artikel die folgenden Preise: 6,04 € – 89,20 € – 98,87 €
Wie sollten die Artikel ausgezeichnet werden?

....

....

....

4 Der Einzelhändler kann seine Preispolitik aktiv oder passiv ausrichten. Was versteht man darunter?

Aktive Preispolitik: ....

....

Passive Preispolitik: ....

....

5 Preisdifferenzierung

a Was versteht man unter „Preisdifferenzierung"? ....

....

Preispolitik — LF 9

b Arten der Preisdifferenzierung

räumlich: _____

z. B.: _____

zeitlich: _____

z. B.: _____

mengenmäßig: _____

z. B.: _____

6 Was versteht man unter dem Begriff „Mischkalkulation" im Einzelhandelsbetrieb?

_____

7 Unterscheiden Sie zwischen folgenden Begriffen:

Markenartikel _____

Handelsmarken _____

No-Name-Artikel _____

8 Sonderangebot des Einzelhändlers

a Was versteht man unter einem Sonderangebot? _____

LF 9 — Preispolitik

b Welche Anforderungen stellt das „Gesetz gegen den Unlauteren Wettbewerb (UWG)" an ein Sonderangebot (§ 7,2)?

c Weshalb macht der Einzelhändler Sonderangebote?

9 Gruppenarbeit

Im Warenhaus Gaby Kern werden in verschiedenen Abteilungen folgende Artikel angeboten:
- Tiefkühlgemüse
- Bananen
- Computertische
- Duden „Die deutsche Rechtschreibung"
- Wochenmagazin „Der Spiegel"
- BOSS-Sakkos
- Markenfüller

a Ordnen Sie diese Artikel in folgende Tabelle ein.

kalkulierte Preise	empfohlene Preise	gebundene Preise

b Was muss auf dem Preisetikett für Tiefkühlgemüse stehen?

c Wie müssen dagegen die Eier ausgezeichnet werden?

d Dürfen empfohlene Preise unter- bzw. überschritten werden?

Preispolitik — LF 9

e In der Eisenwaren-Abteilung des Warenhauses Gaby Kern werden Nägel in der Großpackung zu 50 Stück für 2,50 € angeboten. Einzeln kosten die gleichen Nägel 0,20 €. Ein Kunde beschwert sich bei Ihnen über den hohen Einzelpreis.

– Wie viel kostet 1 Nagel aus der Packung?

– Wie begründen Sie den Preisunterschied gegenüber dem Kunden?

f Ihr schärfster Konkurrent unterbietet Sie mehrmals im Preis von CDs. Frau Kern senkt abermals den Preis. Wie nennt man diese Handlungsweise?

Warum geschieht dies in der Praxis?

g Um den Verlust beim Verkauf der CDs wieder auszugleichen, erhöht Gaby Kern den Preis eines anderen Artikels, der mit gutem Gewinn kalkuliert ist.

Welche Artikelgruppen bieten sich hierfür an?

Wie nennt man diese Art der Kalkulation?

h In einer Verkaufsgondel werden Herrensocken im Sonderangebot verkauft. Welche Preisauszeichnung ist möglich?

i Die Änderungsschneiderei der Textilabteilung hat die Preise neu kalkuliert. Wie zeichnet sie aus?

LF 9

Warenkalkulation

Warenkalkulation

Gruppenarbeit

Ihr Lieferer bietet Ihnen hochwertige Marken-Damenhosen zum Sonder-Listenpreis von 25,00 € pro Stück an. Die Lieferung erfolgt frei Haus, Rabatt bei Abnahme von 200 Stück 6 %, Skonto 3 %. Ihre Handlungskosten betragen 75 %, Gewinn 3 %, USt 19 %.

a Wie hoch ist der Bruttoverkaufspreis?

b Mit welchem Preis werden Sie auszeichnen? .... €

Begründung: ....

c Gestalten Sie ein werbewirksames Preisschild mit den gesetzlich vorgeschriebenen Bestandteilen. Achten Sie auf die Werbewirksamkeit!

Warenkalkulation — LF 9

d) Ihr Mitbewerber bietet die gleichen Damenhosen für 48,50 € an. Sie wollen billiger sein. Wie legen Sie den neuen Preis fest ohne Verlust zu machen? Kalkulieren Sie den neuen Preis.

neuer Preis: _____ €

Gewinn: _____ %

e) Nach gutem Anfangsverkauf sind 80 Damenhosen nicht mehr absetzbar. Ihre Chefin beauftragt Sie, dass Sie sich im Internet bei eBay über die Versteigerungsbedingungen informieren. Erstellen Sie einen kurzen schriftlichen Bericht.

LF 12

Lernfeld 12: **Mit Marketingkonzepten Kunden gewinnen und binden**

Marketing

 Bearbeiten Sie den folgenden Text, indem Sie die unten angegebenen Teilaufgaben lösen:

> *Anforderungen im Einzelhandel und in handelsnahen Unternehmen*
> *(aus der Sicht eines Unternehmensberatungsbüros)*
>
> *Das Veränderungstempo im Handel und Dienstleistungsbereich hat rasant zugenommen. Die geänderten Wertehaltungen der Konsumenten und neue volkswirtschaftliche Rahmenbedingungen geben die Geschwindigkeit vor.*
> *Der Einzelhandel und andere handelsnahe Wirtschaftsbereiche müssen mit diesem Tempo Schritt halten. Während früher Unternehmensstrategien für 10 Jahre erstellt wurden, sind diese Pläne heute oft schon nach 1–2 Jahren nicht mehr zu gebrauchen.*
> *Eine überlegte Strategie und Planung – beginnend mit einer Marktanalyse, einer Wettbewerbsanalyse sowie einer eindeutigen Zielgruppendefinition – und ein effizientes Marketing/Controlling sind wichtige Fundamente, um auch bei „rauerem Wind" bestehen zu können.*
> *Geänderte wirtschaftliche Verhältnisse erfordern marktgerechte Werbeplanung, angepasstes Produktmanagement, Produkt- und Sortimentsmarketing, Preispolitik, Sortimentsanalysen, Verkaufsförderung und Vertriebskonzepte.*

a Unterstreichen Sie die wichtigsten Aussagen dieses Textes.

b Erklären Sie
– „geänderte Wertehaltung der Konsumenten"

– „neue volkswirtschaftliche Rahmenbedingungen"

c Erklären Sie die Begriffe „Verkäufermarkt" und „Käufermarkt".

Verkäufermarkt =	Käufermarkt =

d Nennen Sie Gründe dafür, warum Unternehmen bei einem Käufermarkt ihre Strategien wesentlich kurzfristiger ändern müssen als früher.

Marketing — LF 12

e Nennen Sie Strategien, mit der Sie darauf reagieren.

f Was versteht man unter Marketing?

g Beschreiben Sie allgemein die Marketingstrategie zu den angegebenen Begriffen:

Begriffe	Beschreibung der Marketingstrategie
Marktuntersuchung	
Planung geeigneter Marketinginstrumente (Marketingmix)	
Absatzplanung	
Faktoreinsatz (Beschaffung) und Finanzierung	
Absatzdurchführung	
Controlling	

h Beschreiben Sie (möglichst mit einem Beispiel aus Ihrem Ausbildungsbetrieb) inwiefern Marketing ...

das Lagerrisiko mindert.	
Wettbewerbsvorteile bringt.	
Beschäftigung sichert.	

2 Seniorenmarketing

„So gewinnen Sie im Wettbewerb diese kaufkräftige Kundengruppe! Senioren sind die einzige noch wachsende Kundengruppe in den Industrieländern. Die 55+-Kunden verfügen über mehr als die Hälfte des deutschen Geldvermögens und über eine zunehmende Bereitschaft, dieses Geld auch auszugeben. Erfahren Sie, wie Sie den richtigen Zugang zu dieser anspruchsvollen Zielgruppe bekommen und wie Sie Ihr Marketing gezielt auf Senioren ausrichten."

LF 12 — Marketing

a Was versteht man unter einer Zielgruppe?

b Wie wird die Zielgruppe in der Kurzbeschreibung beschrieben?

c Ihr Anteil an der Gesamtbevölkerung beträgt (geschätzt) .... %.

d Treffen Sie eine Aussage zum Potenzial dieser Zielgruppe (Anteil am deutschen Geldvermögen).

e Worauf wird der Autor eingehen, wenn er beschreibt, wie man den richtigen Zugang zu dieser Zielgruppe bekommt? (3 Stichworte angeben)

f Geben Sie 3 weitere Zielgruppen an

g Was versteht man unter Zielgruppenmarketing?

3 „Beim **Standortmarketing** geht es darum, den Standort der Unternehmen in den Blickpunkt potenzieller Kunden zu stellen, ihn für die Kunden interessant zu machen, kundenorientiert zu entwickeln und seine Vorzüge herauszustellen."

a Ermitteln Sie, welche Aktivitäten im näheren Umfeld Ihres Ausbildungsbetriebes diesbezüglich stattfinden.

b Auf welche Weise wird der Standort in den Blickpunkt potenzieller Kunden gestellt?

c Inwieweit profitiert Ihr Ausbildungsbetrieb von dem genannten Standortmarketing und inwieweit beteiligt sich Ihr Betrieb an den jeweiligen Maßnahmen?

Marktuntersuchung

Marktuntersuchung

1 Setzen Sie die folgenden Begriffe richtig in die unvollständigen Begriffserklärungen ein und unterstreichen Sie in den Erklärungen die Wörter, die für den jeweiligen Begriff kennzeichnend sind.

Marktuntersuchung – Markterkundung – Marktforschung – Marktanalyse – Marktbeobachtung – Primärforschung – Sekundärforschung – Data-Warehouse – Marktprognose

a _____ ist die systematische Erfassung der erforderlichen Marktdaten, unter anderem mit wissenschaftlichen Methoden.

b Genügen dem Unternehmer Informationen, die er ohne großen Aufwand allein durch seine interessierte Aufmerksamkeit registrieren kann, so spricht man von _____.

c Als _____ bezeichnet man alle Datenerhebungen, die eigens zum Zweck der Marktforschung erstellt werden.

d Unter _____ versteht man dabei die systematische Erfassung von Marktdaten zu einem bestimmten Zeitpunkt, vergleichbar mit einem Foto (Momentaufnahme).

e Mit der _____ verfolgt man Veränderungen des Marktes über einen längeren Zeitraum. Dazu werden die Daten zu verschiedenen Zeitpunkten erhoben und miteinander verglichen.

f Eine _____ ist die Vorhersage über das künftige Marktgeschehen. Sie bezieht sich auf die Ergebnisse der Marktuntersuchung.

g Unter _____ versteht man alle Maßnahmen, die geeignet sind, Informationen über den Markt als betriebswirtschaftliche Entscheidungshilfe zu erhalten.

h Zur _____ zählt man Datenerhebungen aus Unterlagen, die bereits zu anderen Zwecken im Betrieb oder außerhalb erstellt wurden.

i Unter _____ versteht man eine Datenbank, in der man über einen längeren Zeitraum (Jahre) alle Informationen des Unternehmens geordnet speichert, die bei der Abwicklung der Einzelhandelsprozesse mittels EDV erfasst werden.

2 Worüber werden (für eine erfolgreiche Marketingstrategie) Informationen auf dem Absatzmarkt erhoben?

_____

3 Überlegen Sie sich zwei Aktionen, wie sich Ihr Ausbildungsbetrieb Informationen am Absatzmarkt beschafft.

_____

LF 12 — Marktuntersuchung

4 Entwickeln Sie einen Fragebogen (ggf. auf einem gesondertem Blatt Papier) für ein Lebensmittelgeschäft. Nach Möglichkeit soll der Kunde unter vorgegebenen Antworten auswählen.

Unter anderem wollen Sie wissen:
- Alter und Geschlecht des Kunden
- wie lange der/die Betreffende bei uns Kunde ist
- wie oft der Kunde pro Monat einkauft
- wann er bevorzugt einkauft
- wie viele Artikel er pro Einkauf mitnimmt
- ob er alles findet, was er von dem Einkauf erwartet
- welchen Anteil (%) am Gesamtbedarf er bei uns einkauft
- wo er unsere Stärken/Schwächen sieht (Übersichtlichkeit, Atmosphäre, fachmännische Beratung, Anonymität, Sortiment, Service, Freundlichkeit, Preisniveau)
- Gesamtbewertung (Mitbewerber im Durchschnitt, Bewertung jeweils nach einer Notenskala von 1 bis 6)

Liebe Kundin, lieber Kunde,
wir legen großen Wert darauf, dass Sie mit unseren Leistungen stets zufrieden sind. Deshalb bitten wir Sie, die nachfolgenden Fragen zu beantworten (bitte ggf. Zutreffendes ankreuzen).

Vielen Dank für Ihre Mitarbeit und Ihr Engagement!

Marktuntersuchung — LF 12

5 Wie werden jeweils die folgenden Formen der Primärforschung durchgeführt?

Formen	Beschreibung			
Befragungen				
Beobachtung				
Experiment				
Testmarkt				
Panels				

6 Nennen Sie jeweils drei interne und externe Datenquellen aus der Sekundärforschung und geben Sie an, welche Entwicklungen daraus erkennbar sind.

interne Datenquellen	erkennbare Entwicklungen

externe Datenquellen	erkennbare Entwicklungen

LF 12 — Marktuntersuchung

7 Marktprognose

Die Untersuchung der Absatzzahlen eines Artikels ergab folgende Entwicklung:

Einführung 1. Feb. 20..	Preis in €	Absatz/St.
Februar	200,00	30
März	200,00	32
April	200,00	32
Mai	200,00	30
Juni	200,00	25
Juli	190,00	23
August	190,00	18
September	180,00	16

Einführung 1. Feb. 20..	Preis in €	Absatz/St.
Oktober	170,00	16
November	170,00	14
Dezember	170,00	15
Januar	160,00	12
Februar	160,00	8
März	150,00	9
April	150,00	7

a Zeichnen Sie die Absatzentwicklung von Februar 20.. bis Juni 20.. als Liniendiagramm.

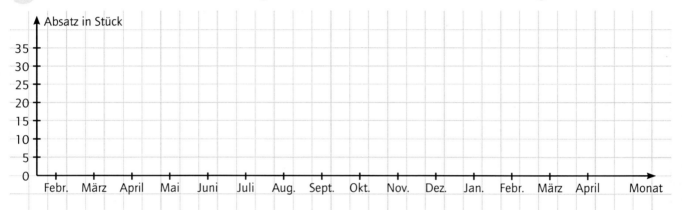

b Womit kann die Entwicklung im Juni begründet sein? Nennen Sie zwei Gründe.

c Welche Prognose hätten Sie unter Beibehaltung des Preises für die nächsten drei Monate abgegeben (bitte gestrichelt einzeichnen)?

d Warum wurde der Preis auf 190,00 € abgesenkt (mindestens zwei Ursachen nennen)?

e Welche alternative Maßnahmen könnten den erwarteten Absatzeinbruch auch hemmen (mindestens zwei Maßnahmen nennen)?

f Zeichnen Sie die Absatzentwicklung, die durch Preisanpassungen realisiert wurde (gepunktete Linie).

g Nennen Sie einen Grundsatz im Umgang mit Prognosen.

Marketinginstrumente

LF 12

Marketinginstrumente

Sortimentspolitik

1 Mit welchen Folgen muss ein Einzelhandelsunternehmen rechnen, wenn es sein Sortiment über einen längeren Zeitraum unverändert lässt? Beschreiben Sie kurz zwei mögliche Folgen.

2 Beschreiben Sie die Möglichkeiten der Sortimentspolitik und nennen Sie dazu entsprechende Beispiele (ggf. aus Ihrem Ausbildungsbetrieb).

Möglichkeiten	Beschreibung	Beispiele
Trading-up		
Trading-down		
Erweiterung des Sortiments		
Differenzierung (Sortimentsvertiefung)		
Differenzierung (Sortimentsverbreiterung)		
Diversifikation (Sortimentsverbreiterung)		
Straffung des Sortiments		

3 Geben Sie vier Anlässe für sortimentspolitische Entscheidungen an.

LF 12 — Preispolitik

Preispolitik

4 Der Marktpreis (Konkurrenzpreis) für einen Artikel des täglichen Bedarfs ist mittlerweile von 32,49 € auf 29,90 € brutto (19 % USt) gefallen. Der Artikel ist bei uns noch mit 32,49 € ausgezeichnet. Bei unserem Lieferanten betrug der Einstandspreis 19,00 € (netto), für Handlungskosten kalkulieren wir 30 %.

a Wie hoch war der bisherige Gewinn pro Artikel (Tabelle ergänzen)?

b Wie wird sich der Gewinn pro Artikel verändern, wenn wir die Preissenkung auf 29,90 € ebenfalls durchführen (Tabelle ergänzen)?

c Wie hoch wäre unser kostenorientierter Verkaufspreis, wenn wir grundsätzlich mit einem Mindestgewinnaufschag von 5 % rechnen (Tabelle ergänzen)?

	a	b	c
Einstandspreis	19,00 €	19,00 €	19,00 €
Handlungskosten	5,70 €	5,70 €	5,70 €
Selbstkosten	24,70 €	24,70 €	24,70 €
Gewinn			1,26 €
Nettoverkaufspreis	27,30 €	25,13 €	25,96 €
USt 19 %	5,19 €	4,77 €	
Auszeichnungspreis	32,49 €	29,90 €	

d Der Monatsabsatz betrug bei diesem Artikel 200 Stück. Schätzen Sie, wie hoch der Monatsabsatz sein wird, wenn der bisherige Preis beibehalten wird. Begründen Sie Ihre Auffassung.

Möglichkeiten	Preis	Absatz (geschätzt)	Begründung
Preis beibehalten	32,49 €		

e Woher wissen wir, wie die Kunden auf unser Preisverhalten reagieren werden?

f Der Anteil des Artikels am monatlichen Unternehmenserfolg betrug 520,00 €. Wie hoch ist der Gewinnanteil des Artikels, wenn nach Preissenkung auf 29,90 € 220 Stück verkauft werden?

	Preis	Gewinn/Stck.	Menge	Gewinnanteil
vorher	32,49 €	2,60 €	200 Stck.	520,00 €
nachher	29,90 €		220 Stck.	

Werbung — LF 12

5 Schlagen Sie eine Maßnahme vor für den Fall, dass der Marktpreis unter die kalkulierten Selbstkosten fällt.

....

....

6 Beschreiben Sie einen Grund, warum Artikel teilweise auch unter den Selbstkosten angeboten werden.

....

....

7 Der Absatz eines Artikels (homogen) mit einem Einstandspreis von 6,00 € beträgt bei einem Verkaufspreis von 6,50 € in einer Abrechnungsperiode 3 000 Stück.

Welche aktive Preispolitik empfehlen Sie, wenn nach einer Marktuntersuchung folgende Marktprognose abgegeben wird? VK netto 6,39 €: 4 000 Stück; VK netto 6,59 €: 2 500 Stück

	Einstandspreis	Verkaufspreis netto	Rohgewinn/ Stück	Absatz/ Reaktion	Rohgewinn gesamt	Maßnahme
	6,00 €	6,50 €				
p ↓	6,00 €	6,39 €				
p ↑	6,00 €	6,59 €				

8 Neben den Preisen können auch Nachlässe (Rabatte) auf die Kaufentscheidung Einfluss nehmen. Erklären Sie in diesem Zusammenhang

Mengenrabatt: ....

Dreingabe: ....

Draufgabe: ....

Zugabe: ....

Skonto: ....

Bonus: ....

Werbung

9 Erstellen Sie einen Werbeplan für einen Artikel bzw. eine Artikelgruppe aus dem Sortiment Ihres Ausbildungsbetriebes. (Besprechen Sie gegebenenfalls die Aufgabe mit Ihrem Ausbilder in Anlehnung an eine jüngst durchgeführte Maßnahme.)

Streukreis		Werbemittel	
Werbeart		Werbeinhalt	
Streugebiet			
Werbeetat		Streuzeit/-dichte	
Werbeträger		Werbekontrolle	

LF 12 — Public Relations (Öffentlichkeitsarbeit)

10 Worin sehen Sie die Grundlage für eine erfolgreiche Werbung?

Public Relations (Öffentlichkeitsarbeit)

11 Beschreiben Sie die unterschiedliche Aufgabenstellung von Werbung, Public Relations und Salespromotion mit je einem Beispiel.

Werbung — Artikel ☞ ☺	
Public Relations — Unternehmen ☺☺☺	
Sales-promotion — ☺ ☞ Artikel	

12 Nennen Sie (möglichst in Anlehnung entsprechender Maßnahmen Ihres Ausbildungsbetriebes) verschiedene Möglichkeiten der Öffentlichkeitsarbeit.

Public Relations (Öffentlichkeitsarbeit) — LF 12

13 Entwickeln Sie einen Fragebogen (ggf. ein Textverarbeitungsprogramm einsetzen) zur Erfassung des Images, das Ihr Ausbildungsbetrieb in der Öffentlichkeit hat, und führen Sie ggf. die Befragung bei Mitschülern, Verwandten, Bekannten usw. durch.

Entwurf

Stehen wir im rechten Licht?

Ihre Meinung ist uns wichtig – bitte

1. Soziostrukturelle Merkmale

2. Informationsteil

Schätzen Sie ein:

++   +   0   –   – –

14 Werten Sie die Befragung aus und ziehen Sie daraus Schlussfolgerungen (ggf. Gruppenarbeit).

LF 12

Präsentation im „Tagesgeschäft"

Salespromotion

15 Stellen Sie fest, welche der folgenden Salespromotions in Ihrem Ausbildungsbetrieb durchgeführt werden (☑) und gegebenenfalls in welcher Form (Stichpunkte)?

Schulung des Verkaufspersonals	☐	
Motivation des Verkaufspersonals	☐	
Artikelinformationen	☐	
Artikelvorführungen (Handhabung, Einsatz, Nutzen, Wirkungen)	☐	
Hinweise auf Artikel, Artikelgruppen	☐	

Kundenservice

16 Nehmen Sie Stellung zu der Behauptung „Kundenservice steigert den Gewinn". Berücksichtigen Sie dabei Kosten- und Nutzenüberlegungen (Marketingziele).

Präsentation im „Tagesgeschäft" (siehe auch LF 2, 4 und 10)

17 Einen wesentlichen **Einfluss** auf die Entwicklung von Absatz und Umsatz hat die Art und Weise, wie sich ein Unternehmen im normalen Geschäftsbetrieb seinen Partnern, insbesondere natürlich seinen Kunden gegenüber, darstellt. Beschreiben Sie dazu folgende verschiedene Gesichtspunkte.

Außenbereich

Innenbereich

Internet

Verkaufspersonal

Marketingmix — LF 12

Marketingmanagement

Marketingmix

1 Was versteht man unter Marketingmix?

....

....

2 Stellen Sie die jeweiligen marketingpolitischen Instrumente Ihres Ausbildungsbetriebes in einer Übersicht dar und erklären Sie den Zusammenhang zwischen den einzelnen Maßnahmen (Bündelung, Koordination).

Marketingmix	Gestaltung	U-Philosophie	Zielgruppe	Marketingziel	Koordinationselemente
Sotimentspolitik					
Preispolitik					
Konditionenpolitik					
Werbung					
Public Relations					
Salespromotion					
Service					
Präsentation					

Kundenbeziehungsmanagement

3 Viele Unternehmen überlegen sich Maßnahmen, den einmal „gewonnenen" Käufer an sich zu binden.

a Womit befasst sich das Kundenbeziehungsmanagement (Customers Relationship Management = CRM)?

....

....

b Welche Folgen hat es, wenn Mitbewerber erfolgreiches CRM betreiben und wir aus Kostengründen darauf verzichten? (Begründung)

....

LF 12 — Kundenbeziehungsmanagement

c Inwieweit ist in der derzeitigen wirtschaftlichen Lage für den Einzelhandel die These des „war for customers" (= Krieg um Kunden) begründet?

....

....

....

4 Auf Seite 104 ist die CRM-Aktivität eines bekannten Einzelhandelsunternehmens im Bereich der Heimwerkermärkte auszugsweise dargestellt.

a Kennzeichnen Sie dazu die richtigen Aussagen mit (1), falsche mit (9).

① Die Daten des Antrags können in einem „Data-Warehouse" gespeichert werden. ☐
② Die Kundenkarte ermöglicht die Erfassung aller Umsätze für jeden einzelnen Kunden. ☐
③ Eine detaillierte Aufstellung über die eingekauften Artikel bzw. Artikelgruppen ist nicht möglich. ☐
④ Es lässt sich feststellen, aus welchen Gegenden die Kunden kommen. ☐
⑤ Eine Zielgruppe sind verheiratete Hobby-Heimwerker, die im eigenen Haus wohnen und zwischen 2.500,00 und 3.000,00 € verdienen. ☐
⑥ Für jede Zielgruppe lässt sich feststellen, was jeweils nachgefragt war. ☐
⑦ Eine Datenauswertung ermöglicht eine gezielte Werbeplanung (Streukreis, Streugebiet). ☐
⑧ Der Besitzer einer goldenen Kundenkarte hat keine besonderen Vorteile. ☐
⑨ Für Karteninhaber ist die Buchung einer Urlaubsreise grundsätzlich interessant. ☐
⑩ Es kann sich für den Karteninhaber lohnen, Heimwerkerartikel mit der Kundenkarte zu kaufen. ☐
⑪ Es ist egal, ob jemand die silberne oder die goldene Kundenkarte besitzt. ☐
⑫ Es gibt für das Geschäft keinen Vorteil, Kundenkarten mit besonderen Aktionen zu verbinden. ☐
⑬ Den Kunden kann es egal sein, ob sie eine Kundenkarte haben oder nicht. ☐
⑭ Für den Kunden kann es sich lohnen, wenn er auch Kundenkarten von anderen Mitbewerbern hat. ☐
⑮ Die dargestellte Maßnahme ist dazu geeignet, Kunden an das Unternehmen zu binden. ☐

b Welche der besonderen Maßnahmen zur Kundenbindung können aufgrund dieser Aktion durchgeführt werden (1/9)? Bitte unterstreichen Sie die möglichen Einzelmaßnahmen.

① **Kundenkarten** in Verbindung mit besonderen Anreizen, z. B. bargeldlose Zahlung, monatliche Abrechnung (Kredit, Abbuchung), Serviceleistungen, Treuerabatte ☐

② **Zusendung** regelmäßiger Artikelinformationen, (z. B. Newsletter, Kundenzeitschriften, Kataloge, Treueangebote ☐

③ **Kontaktpflege** bei bestimmten Anlässen seitens des Kunden (Geburtstag, Dauer der Kundenbindung) bzw. des Unternehmens (Jubiläum, Tag der offenen Tür, Sonderverkäufe) ☐

④ **Sammelpunkte** oder Rabattmarken (Couponing, Payback, Happy Digits, Warenbezugsrecht bzw. Gutscheine) ☐

⑤ **Treueaktionen** (Nachlässe, Naturalrabatte, Sonderveranstaltungen, Geschenke, unentgeltliche Serviceleistungen, verlängerte Garantiefristen) ☐

⑥ **Kundenclubs** (regelmäßiger Erfahrungsaustausch und Neuheiteninformationen) ☐

Kundenbeziehungsmanagement

LF 12

Antrag für die Praktiker Großkundenkarte.

Praktiker
Geht nicht, gibt's nicht.

1. Persönliche Angaben (Bitte in Blockbuchstaben ausfüllen.)

☐ Herr ☐ Frau ☐ Firma   Kartennummer: |_|_|_|_|_|_|_|_|_|_| (Wird von Praktiker ausgefüllt.)

Name _____ Vorname _____

Straße, Hausnr. _____

PLZ |_|_|_|_|_| Ort _____ Land _____

Telefon* _____ Telefax* _____

E-Mail-Adresse* _____

Mobilnummer* _____ Geburtsdatum* (Tag/Monat/Jahr) |_|_|_|_|_|_|_|_|

2. Firmenkunden (freiwillige Angaben)*

Größe der Firma/Mitarbeiteranzahl: _____

Branche* ☐ Handwerk ☐ öffentliche Einrichtung ☐ Dienstleistung ☐ Sonstige

☐ Ich beantrage eine weitere Karte für folgende Person, die für meine Firma einkaufen und Umsätze sammeln darf: ☐ Herr ☐ Frau

Name _____ Vorname _____

3. Freiwillige Angaben, die uns helfen, Sie gezielter anzusprechen*

Ich interessiere mich als* ☐ Laie ☐ Hobby-Heimwerker ☐ Profi

für ☐ Garten ☐ Innendekoration ☐ Sanitär ☐ Baustoffe ☐ Holz ☐ Elektroartikel ☐ Bauelemente (Fenster, Türen) ☐ Fliesen ☐ Sonstiges: _____

Ich wohne* ☐ in einer Wohnung ☐ in einem Haus ☐ zur Miete ☐ in Eigentum Baujahr _____

Familienstand* ☐ ledig ☐ verheiratet ☐ eheähnlich ☐ verwitwet

Monatliches Haushaltsnettoeinkommen*
☐ unter 1.500 € ☐ 1.500 € bis 2.000 € ☐ 2.000 € bis 2.500 € ☐ 2.500 € bis 3.000 € ☐ über 3.000 €

4. Kartenantrag und Datenschutzerklärung

Kartenantrag

☐ Hiermit beantrage ich die Praktiker Großkundenkarte.

_____ _____
Ort, Datum   Unterschrift des Antragstellers

Datenschutzerklärung

☐ Ich habe die Datenschutzerklärung gelesen und akzeptiere diese.

_____ _____
Ort, Datum   Unterschrift des Antragstellers

Die drei Kundenkarten:

Blau
- bis 2.499 € Gesamtumsatz
- jeden Monat 1 Top-Aktion
- alle „Geht nicht, gibt's nicht-Reisen" werden auf den Gesamtumsatz angerechnet
- in jedem Markt erhältlich
- unbegrenzt gültig

Silber
- von 2.500 € bis 7.499 € Gesamtumsatz
- jeden Monat 2 Top-Aktionen
- alle „Geht nicht, gibt's nicht-Reisen" werden auf den Gesamtumsatz angerechnet
- automatische Zusendung
- mindestens 2 Jahre gültig (ab Ausstellungsdatum)

Gold
- ab 7.500 € Gesamtumsatz
- bei jedem Einkauf die Top-Aktion 10 % Sofort-Rabatt*
- alle „Geht nicht, gibt's nicht-Reisen" werden auf den Gesamt- und den Rabattumsatz angerechnet
- automatische Zusendung
- mindestens 2 Jahre gültig (ab Ausstellungsdatum)

* ausgenommen: Zigaretten, Zeitschriften, Bücher und andere preisgebundene Artikel sowie Massa-Ausbauhäuser, Tiernahrung, Motorroller, Pfandartikel, Tiefpreisartikel, bereits rabattierte Artikel, Tchibo-Artikel, Lebensmittel, Reisen

---

Top-Aktion gültig am 9. März 20.. und 10. März 20..
für Inhaber der goldenen Karte

Nimm 4, zahl 3*
4 Stück kaufen, nur 3 Stück bezahlen
Gilt für mindestens 4 identische Artikel* aus dem Bereich

Tapeten

März

* generell vom Großkundenrabatt ausgeschlossen sind: Zigaretten, Zeitschriften, Bücher und andere preisgebundene Artikel sowie Massa-Ausbauhäuser, Tiernahrung, Motorroller, Pfandartikel, Tiefpreisartikel, bereits rabattierte Artikel, Tschibo-Artikel, Lebensmittel, Reisen

Top-Aktion gültig am 23. März 20.. und 24. März 20..
für Inhaber der goldenen Karte

Nimm 4, zahl 3*
4 Stück kaufen, nur 3 Stück bezahlen
Gilt für mindestens 4 identische Artikel* aus dem Bereich

Eisenwaren
(Schrauben, Nägel, Stifte, Profile, Beschläge, Ketten, Schilder, Tresore, Waffenschränke, Briefkästen)

* generell vom Großkundenrabatt ausgeschlossen sind: Zigaretten, Zeitschriften, Bücher und andere preisgebundene Artikel sowie Massa-Ausbauhäuser, Tiernahrung, Motorroller, Pfandartikel, Tiefpreisartikel, bereits rabattierte Artikel, Tschibo-Artikel, Lebensmittel, Reisen

LF 12 — Marketingkonzepte

Marketingkonzepte

5 Sie arbeiten in einem Einzelhandelsunternehmen in der _____ Branche.
Erarbeiten Sie (ggf. mit Unterstützung Ihres Ausbilders) ein Marketingkonzept entweder

a für eine Langzeitstrategie (Gesamt- oder Teilbereich _____) oder

b für ein kurzfristiges Ziel (bitte angeben _____)

nach folgendem Muster:

1. Bestandsaufnahme:	Beschreibung
Sortiment	
(potenzielle) Kunden	
Konkurrenz	
Preis	
Werbung	
2. Ihr Unternehmen hat	
Stärken	
Schwächen	
Risiken	
Chancen	
3. Marketingziele	
4. Marketingmaßnahmen	
5. Marketingkosten	
6. Erfolg der Marketingmaßnahmen	

Hinweis: Es genügt, wenn die Aufgabe hinreichend so erfüllt wird, dass die Grundzüge eines Konzeptes erkannt werden.

c Präsentieren Sie (nach Absprache mit Ihrem Ausbildungsbetrieb) der Klasse Ihr Konzept.

Internetnutzung — LF 12

Internetnutzung

1 Die Zahl der Haushalte mit Computern nimmt ständig zu und damit auch die Beherrschung im Umgang mit dem Internet.

a Beschreiben Sie allgemein, welche Möglichkeiten sich dadurch für Einzelhandelsbetriebe eröffnen.

_____

_____

b Mit welchem Problem muss sich der Einzelhändler auseinandersetzen, wenn er beschließt, sich seinen Kunden gegenüber im Internet zu präsentieren?

_____

c Auf welche Weise macht Ihr Ausbildungsbetrieb auf seine Internetseite aufmerksam (x)?

über konventionelle Mitteilungen, z. B. _____ ☐

Suchmaschinen, z. B. _____ ☐

Verknüpfungen (Links) in anderen Internetveröffentlichungen, z. B. _____ ☐

d Besprechen Sie mit Ihrem Ausbilder die wesentliche Bedeutung der Internetseite des Ausbildungsbetriebes (was bezweckt der Internetauftritt?) und stellen Sie diese dar.

_____

_____

e Zeigen Sie an einer selbst gewählten Seite folgende Elemente:

▶ URL   ▶ Impressum   ▶ Kontakt   ▶ Nutzerführung   ▶ Suche

f Beurteilen Sie vier unterschiedliche Internetseiten nach den folgenden Kriterien, indem Sie Schulnoten vergeben (nach Möglichkeit aus der Reihe der in der Klasse vorgestellten Seiten). Bilden Sie anhand der Notensummen eine Rangliste.

Adresse: www…	1.	2.	3.	4.
Design				
Funktionalität				
Nutzerführung				
Übersicht				
Kontakt				
Notensumme				
Rangliste				

Hinweis: Die Schüler einer Klasse bearbeiten jeweils alle die gleichen Internetseiten. Unterschiedliche Bewertungen können dann diskutiert werden.

LF 12 Internetnutzung

2 Das Internet gewinnt für Wirtschaftsbetriebe zunehmend an Bedeutung.

a Erklären Sie Gemeinsamkeit und Unterschied zwischen E-Business und E-Commerce.

E-Business	E-Commerce
Gemeinsamkeit:	

b Was bedeuten im Zusammenhang mit E-Business die folgenden Abkürzungen?

B2C ....

B2B ....

3 Die Zahl der Onlineshops nimmt stetig zu.

a Beschreiben Sie die Kaufhandlung bis zum Abschluss eines rechtswirksamen Kaufvertrages.

b Begründen Sie, warum im Onlinehandel in der Regel nur gegen Vorauszahlung oder Nachnahme geliefert wird.

Internetnutzung
LF 12

c Für den Internethandel gelten grundsätzlich alle einschlägigen Bestimmungen des BGB (Verbraucher) und des HGB (Kaufleute). Kennzeichnen Sie dazu die richtige Aussage mit (1), die falsche mit (9).

① Ein Widerruf oder die Rückgabe ist ohne Angabe von Gründen bis 14 Tage nach Erhalt der Ware möglich. ☐

② Die Kosten für die Rücksendung bis 40,00 € Warenwert trägt im Fall des Widerrufs der Händler. ☐

③ Nach Ablauf der Widerrufsfrist ist auch ohne vorherige Widerrufsbelehrung die Rückgabe bestellter Artikel ausgeschlossen. ☐

④ Bei Rücksendung beschädigter Waren liegt das Transportrisiko beim Verkäufer, auch wenn der Käufer den Artikel unsachgemäß verpackt hat. ☐

⑤ Der Käufer ist vor Abschluss klar und verständlich über Einzelheiten des Vertrages zu informieren. ☐

⑥ Dem Käufer ist die wirksame Möglichkeit einzurichten, Eingabefehler zu erkennen und zu korrigieren. ☐

⑦ Der Zugang einer Bestellung muss nicht eigens auf elektronischem Weg bestätigt werden. ☐

⑧ AGB müssen abrufbar sein, ob sie speicherfähig sind, ist nicht wichtig. ☐

⑨ Eine Bestellung, die nachts abgegeben wurde, gilt hier als zugegangen, wenn sie vom Händler morgens bei Geschäftsöffnung abgerufen wird. ☐

⑩ Für Onlinegeschäfte mit Verbrauchern gelten auch die Bestimmungen des HGB. ☐

d Recherchieren Sie im Internet. Suchen Sie einen Onlineshop Ihrer Branche und beurteilen Sie mit Schulnoten (1–6) die Benutzerfreundlichkeit hinsichtlich

Korrekturmöglichkeit ☐   Kontrolle der Bestellung im Warenkorb ☐

Widerrufsbelehrung ☐   AGB (zum Lesen und Downloaden) ☐

Erkennen der Rückgabemodalitäten ☐

4 Die Förderung von Erstkontakten (3) ist für den Onlinehandel sehr wichtig, um Kundenbeziehungen aufbauen zu können. Dazu setzt er konventionelle Informationsträger (1) ein und/oder platziert Schlüsselbegriffe auf anderen Internetseiten (2), mit denen potenzielle Kunden gegebenenfalls Kontakte erhalten.

a Ordnen Sie die entsprechenden Ziffern des Schaubildes den dargestellten Ereignissen zu.

LF 12 — Internetnutzung

① Der Werbeprospekt enthält neben der Geschäftsadresse Telefonnummer und Webadresse. ☐

② Ein Interessent gibt eine Webadresse eines Händlers ein, weil er sein Angebot kennenlernen möchte. ☐

③ Nach Eingabe des Geschäftsnamens unter „google"-Suche wird die entsprechende URL angezeigt. ☐

④ Ein Onlinehändler bietet in seinem elektronischen Onlineprospekt eine lustige Animation zur kreativen Ausgestaltung und zur Weitersendung an Bekannte an. ☐

⑤ Nach Eingabe eines bestimmten Artikel(gruppen)begriffs werden eine Reihe von relevanten Internetkontakten angezeigt. ☐

⑥ Bei dem Aufruf eines elektronischen Telefonbuches erscheinen bewegte Anzeigen eines Onlineanbieters. ☐

⑦ Ein Einzelhändler veröffentlicht in der Tageszeitung seine Internetadresse. ☐

⑧ Ein Internetnutzer klickt eine der Adressen an, die ihm nach einem Suchvorgang (z. B. google) aufgelistet wurden. ☐

⑨ Ein Internetnutzer findet über einen Preisvergleich per Internet einen Anbieter, der für den gesuchten Artikel die besten Konditionen aufweist, und klickt auf den entsprechenden Link. ☐

5 Zur Kundenbindung können mithilfe des Internets besondere Maßnahmen durchgeführt werden.

a Geben Sie dafür zwei Maßnahmen an.

b Worauf ist bei dem Einsatz von Newslettern zu achten?

→ rechtlich:

→ kundenbezogen:

Lernfeld 13: **Personaleinsatz planen und Mitarbeiter führen**

Direkte und indirekte Aussagen

Im Verlauf Ihres Arbeitstages werden Sie mit sehr unterschiedlichen Aussagen konfrontiert. Versuchen Sie zu den folgenden **direkten** Aussagen die jeweiligen möglichen **indirekten** Aussagen (stillschweigend mitgemeint) anzugeben.

a Kundenäußerung:

Direkt: *„Haben Sie keine bessere Qualität?"*

Indirekt:

b Kollegenäußerung:

Direkt: *„Früher herrschte hier unter den Kollegen ein gutes Betriebsklima."*

Indirekt:

c Vorgesetztenäußerung:

Direkt: *„Ihre Vorgängerin konnte sehr schnell arbeiten."*

Indirekt:

LF 13

Verbale, nonverbale Aussagen

 In der Apotheke

Valentin: Guten Tag, Herr Apotheker.
Karlstadt: Guten Tag, mein Herr, Sie wünschen?
Valentin: Ja, das ist schwer zu sagen.
Karlstadt: Aha, gewiss ein lateinisches Wort?
Valentin: Nein, nein, vergessen hab ich es.
Karlstadt: Na ja, da kommen wir schon drauf, haben Sie ein Rezept?
Valentin: Nein!
Karlstadt: Was fehlt Ihnen denn eigentlich?
Valentin: Nun ja, das Rezept fehlt mir.
Karlstadt: Nein, ich meine, sind Sie krank?
Valentin: Wie kommen Sie denn auf so eine Idee? Schau ich krank aus?
Karlstadt: Nein, ich meine, gehört die Medizin für Sie oder für eine andere Person?
Valentin: Nein, für mein Kind.
Karlstadt: Ach so, für Ihr Kind. Also das Kind ist krank. Was fehlt denn dem Kind?
Valentin: Dem Kind fehlt die Mutter!
Karlstadt: Ach, das Kind hat keine Mutter?
Valentin: Schon, aber nicht die richtige Mutter.
Karlstadt: Ach so, das Kind hat eine Stiefmutter?
Valentin: Ja, ja leider, die Mutter ist nur stief statt richtig und deshalb muss sich das Kind erkältet haben.
Karlstadt: Hustet das Kind?
Valentin: Nein, es schreit nur.
Karlstadt: Vielleicht hat es Schmerzen?
Valentin: Möglich, aber es ist schwer, das Kind sagt nicht, wo es ihm wehtut. Die Stiefmutter und ich geben uns größte Mühe. Heut hab ich zu dem Kind gesagt: „Wenn du schön sagst, wo es dir wehtut, kriegst du später mal ein schönes Motorrad."
Karlstadt: Und?
Valentin: Das Kind sagt nichts, es ist so verstockt.
Karlstadt: Wie alt ist denn das Kind?
Valentin: Sechs Monate alt.
Karlstadt: Na, mit sechs Monaten kann doch ein Kind noch nicht sprechen.
Valentin: Das nicht, aber deuten könnte es doch, wo es die Schmerzen hat, wenn schon ein Kind so schreien kann, dann könnte es auch deuten, damit man weiß, wo der Krankheitsherd steckt.
Karlstadt: Hat es vielleicht die Finger immer im Mund stecken?
Valentin: Ja, stimmt!
Karlstadt: Dann kriegt es schon die ersten Zähne.
Valentin: Von wem?
Karlstadt: Na ja, von der Natur.
Valentin: Von der Natur, das kann ja schon sein, da braucht es aber doch nicht so schreien, denn wenn man was kriegt, schreit man doch nicht, dann freut man sich doch. Nein, nein, das Kind ist krank und meine Frau hat gesagt: „Geh in die Apotheke und hol einen...?"
Karlstadt: Kamillentee?
Valentin: Nein, zum Trinken gehört es nicht.
Karlstadt: Vielleicht hat es Würmer, das Kind?
Valentin: Nein, nein, die tät man ja sehen.
Karlstadt: Nein, ich meine innen.
Valentin: Ach so, innen, da haben wir noch nicht reingeschaut.
Karlstadt: Ja, mein lieber Herr, das ist eine schwierige Sache für einen Apotheker, wenn er nicht erfährt, was der Kunde will!
Valentin: Die Frau hat gesagt, wenn ich den Namen nicht mehr weiß, dann soll ich einen schönen Gruß vom Kind ausrichten, äh, von der Frau vielmehr, und das Kind kann nicht schlafen, weil es immer so unruhig ist.
Karlstadt: Unruhig? Da nehmen Sie eben Beruhigungsmittel. Am besten vielleicht: Isopropylprophemilbarbitursauresphenildimethildimenthylaminophirazolon.
Valentin: Was sagen Sie da?
Karlstadt: Isopropylprophemilbarbitursauresphenildimethildimenthylaminophirazolon.
Valentin: Wie heißt das?
Karlstadt: Isopropylprophemilbarbitursauresphenildimethildimenthylaminophirazolon.
Valentin: Jaaaa! Das ist es, so einfach und man kann es sich doch nicht merken! Warum haben Sie das nicht gleich gesagt?
Karlstadt: ???

Verbale, nonverbale Aussagen — LF 13

Welche Art der Bedarfsermittlung liegt hier vor?

a Welche andere Art der Bedarfsermittlung ist Ihnen bekannt? Beschreiben Sie kurz diese Methode.

b Beschreiben Sie, warum die Kommunikation hier nicht „klappt".

c Was versteht man allgemein unter „Gesprächsstörer"?

d Geben Sie 3 konkrete „Gesprächsstörer" an:

e Beschreiben Sie den Begriff „Gesprächsförderer".

f Nennen Sie 3 Möglichkeiten, „Gesprächsförderer" zu verwenden.

LF 13 — Verbale, nonverbale Aussagen

2

a Ordnen Sie die Texte den jeweiligen Bildern zu.

① „Ich glaub ja selbst nicht ganz, was ich da erzähle."
② „neutraler Ausdruck"
③ „Jetzt ist Schluss."
④ „Herzlich willkommen"
⑤ „Erzähl du nur, ich weiß es eh besser."
⑥ „Tut mir Leid, ich bin nicht zuständig."
⑦ „Ertappt!"

b Welche Aussagen passen auf gar keinen Fall zu welchen Bildern? Jeweils eine Nennung.

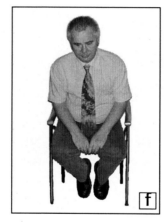
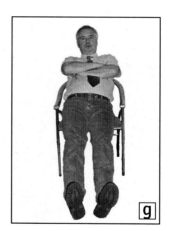

Quelle: www.Martin-Adler.org

	Bild a	Bild b	Bild c	Bild d	Bild e	Bild f	Bild g
Aussage passt:							
Aussage passt nicht:							

Personalwirtschaftliche Ziele

Personalwirtschaftliche Ziele

1 Ordnen Sie die folgenden Ziele den zwei unterschiedlichen Zielarten zu.

a Steigerung der Leistung durch Motivation bzw. Aus- und Weiterbildung

b Mitbestimmungsmöglichkeiten

c optimales Verhältnis zwischen Kosten und Ertrag

d Fragen der Bezahlung

e Arbeitsplatzgestaltung

f Nutzung der Erfahrung des Mitarbeiters durch ein betriebliches Vorschlagswesen

g Arbeitszeitgestaltung

Zielarten	
wirtschaftliche Ziele	soziale Ziele

2 Der Textileinzelhändler Maiworm beschäftigt in seinen 24 Filialen insgesamt 360 Mitarbeiter/-innen. Die Summe der Lebensalter beträgt 14 400. 288 Mitarbeiter sind weiblich. Die Summe der Betriebszugehörigkeitsjahre beträgt 4 320.

a Ermitteln Sie aus den folgenden Angaben den Altersdurchschnitt, die durchschnittliche Betriebszugehörigkeit und die Männerquote.

Altersdurchschnitt =

Betriebszugehörigkeit =

Männerquote =

LF 13 — Personalwirtschaftliche Ziele

b Welche Rückschlüsse auf das Unternehmen können Sie aus den Ergebnissen hinsichtlich Altersdurchschnitt, Betriebszugehörigkeit und dem Verhältnis „Frauen – Männer" ziehen?

→ ....

→ ....

→ ....

c Nennen Sie Vorteile bzw. Nachteile, die sich für diesen Einzelhändler aus den unter b) errechneten Zahlen ergeben können:

Altersdurchschnitt　Vorteil: ....

　　　　　　　　　　Nachteil: ....

Betriebszugehörigkeit　Vorteil: ....

　　　　　　　　　　　Nachteil: ....

Männerquote　Vorteil: ....

　　　　　　　Nachteil: ....

Personalbedarfsermittlung

 Entscheiden und begründen Sie, ob die Aussagen richtig oder falsch sind:

Aussage	richtig	falsch
Von Neubedarf an Personal spricht man, wenn ein Betrieb erweitert wird.		
Ersatzbedarf kann vorliegen, wenn ein Mitarbeiter kündigt.		
Die Vollbedienung ist wenig personalintensiv.		
Unter Vorwahlsystem versteht man die Selbstbedienung.		
Die Warenart hat einen Einfluss auf die Verkaufsform und damit den Personalbedarf.		
Ein Personalabbau kann durch Streichung von Urlaubstagen ausgeglichen werden.		
Durch ein Warenwirtschaftssystem fallen einfache Tätigkeiten wie Warenauszeichnung weniger oft an.		
Unter quantitativem Personalbedarf versteht man, wie das Personal ausgebildet ist.		
Die Länge der täglichen Arbeitszeit hat keinen Einfluss auf den Personalbedarf.		
Der qualitative Personalbedarf beschreibt die erwarteten Fähigkeiten der Mitarbeiter.		
Anforderungsprofile spiegeln die tatsächlich vorhandenen Fähigkeiten von Mitarbeitern wider.		
Stimmen Anforderungs- und Fähigkeitsprofile überein, so kann man sicher sein, den optimalen Mitarbeiter gefunden zu haben.		
Die Einstellung von überqualifizierten Mitarbeitern hat keinen Nachteil für das Einzelhandelsunternehmen.		
Vorhandene Stellen können in einigen Fällen durch Fortbildungen der Mitarbeiter intern besetzt werden.		
Die Personaleinsatzplanung beschäftigt sich mit Problemen, die bei der Einstellung von Mitarbeitern entstehen.		
Das Kaufverhalten der Kunden kann die Einsatzzeiten des Verkaufspersonals beeinflussen.		
Die Möglichkeiten der Personaleinsatzplanung werden durch zahlreiche Gesetze eingeschränkt.		

LF 13 — Personalbedarfsermittlung

2 Die Einzelhandelskette „Gutkauf" berechnet den Bedarf an Kassenpersonal, indem sie pro durchschnittlichem Kunden eine „Bearbeitungszeit" von 3 Minuten ansetzt. In der Filiale Altdorf rechnet die Filialleiterin mit ca. 1 600 Kunden pro Tag. Wie viel Kassenpersonal muss ständig zur Verfügung stehen, wenn sich die Kunden gleichmäßig über den Tag verteilen und die Arbeitszeit des Kassenpersonals bei 8 Stunden pro Tag liegt?

a Entwerfen Sie eine allgemein gültige Gleichung, um diese Art der Bedarfsrechnung durchzuführen und geben Sie die Lösung an.

b Welche Auswirkung auf den Personalbedarf hat eine Verkürzung der Bearbeitungszeit um eine Minute (Einführung neuer Scannerkassen)?

c Nehmen Sie an, die neuen Scannerkassen hätten pro Stück 6.000,00 € gekostet. Nach wie viel Monaten hätte sich diese Investition gelohnt?
(Durchschnittliche Lohnkosten pro Mitarbeiter pro Monat: 3.003,00 €, inkl. Lohnnebenkosten)

d Ergeben sich aus dieser Investition negative Konsequenzen für die Mitarbeiter?

→ ....

→ ....

→ ....

Externe Personalbeschaffung

LF 13

Externe Personalbeschaffung

Ergänzen Sie die unten abgebildete Stellenanzeige, indem Sie die Angaben für ein Einzelhandelsunternehmen Ihrer Wahl einfügen.

Wer sucht? →	Wir sind ein ....
Was wird gesucht? →	Wir suchen ....
Anforderungsprofil Was wird erwartet? →	Wir erwarten ....
Was bieten wir? →	Wir bieten ....
Bewerbungshinweise: Adressen, Anlagen, Diskretionshinweis →	Ihre Bewerbung richten Sie bitte an ....

LF 13

Beurteilung der Bewerbungsunterlagen

Bewerben Sie sich auf die von Ihnen entworfene Stellenanzeige und legen Sie Ihre Bewerbung Ihrem Mitschüler zur Beurteilung vor.

Bewerbung

Feld	Inhalt
Absender	
Anschrift	
Betreff	
Anrede	
Was möchte ich?	
Woher weiß ich von der Stelle?	
Was tue ich zurzeit?	
Was kann ich?	
Weshalb suche ich eine neue Stelle?	
Wann könnte ich anfangen?	
Bitte um Vorstellungsgespräch	
Grußformel und Unterschrift	
Anlagen	

(Ort und Datum)

Beurteilung der Bewerbungsunterlagen **LF 13**

Lebenslauf

Zu einer vollständigen Bewerbung gehört ein leicht lesbarer und übersichtlicher Lebenslauf. Entwerfen Sie einen tabellarischen Lebenslauf, der zu Ihrer Bewerbung passt.

LEBENSLAUF

Name: ....

Anschrift: ....

....

....

FOTO

Geburtsdatum: ....

Geburtsort: ....

Familienstand: ....

Schulbildung: ....

....

....

....

Berufsausbildung: ....

....

....

Berufstätigkeit: ....

....

Weiterbildung: ....

....

....

....

Ort und Datum   Unterschrift

LF 13 — Auswahlkriterien

Auswahlkriterien

Für eine Stelle als Abteilungsleiter der Herrenabteilung haben sich bei dem Textileinzelhändler Otto Bock intern zwei Mitarbeiter beworben. Beide Mitarbeiter, Herr Klotz und Herr Langer, sind schon mehrere Jahre im Unternehmen beschäftigt. Für beide liegt ein zuverlässiges Fähigkeitsprofil vor.

	Anforderung	Herr Klotz	Herr Langer
Berufserfahrung	2,5	3	3
Teamfähigkeit	3,5	3	1
Produktkenntnisse	4	4	2,5
Englischkenntnisse	1,5	2	3
Belastbarkeit	3	3	3,5
körperliche Fitness	2	3,5	2,5

1 = sehr wenig   2 = wenig   3 = gut   4 = sehr gut

Tragen Sie die folgenden Fähigkeitsprofile und das Anforderungsprofil in den unten abgebildeten Grafen ein und entscheiden Sie sich für einen Bewerber. Begründen Sie Ihre Entscheidung.

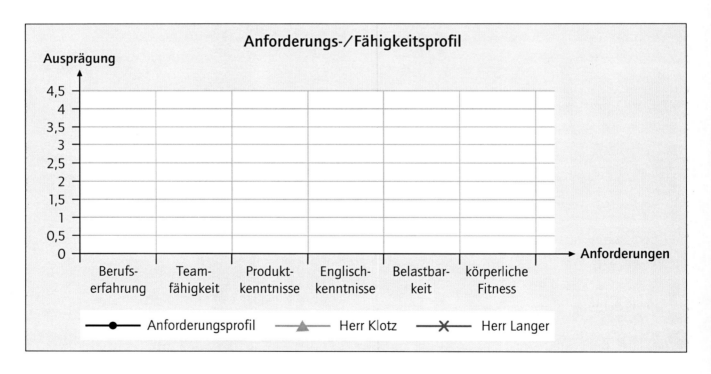

Bewerber: ....

Begründung: ....

Beendigung von Arbeitsverhältnissen

LF 13

Beendigung von Arbeitsverhältnissen

 Sie sind Auszubildende/Auszubildender, zurzeit in der Zentrale des Einzelhandelsfilialisten Brutto GmbH in 90518 Neudorf (250 Mitarbeiter).

Die für Personalangelegenheiten zuständige Sachbearbeiterin Frau Feinbein bittet Sie, die nächste Besprechung vorzubereiten. Es sollen verschiedene Kündigungsfälle besprochen werden. Stellen Sie unter Berücksichtigung der gesetzlichen Bestimmungen fest:

a) welche Kündigungsfrist jeweils gilt,
b) bis zu welchem Termin die Kündigung jeweils eingegangen sein muss,
c) wie die jeweilige Begründung zu a) und b) lautet.

Gesetzliche Kündigungsfristen	
Grundkündigungsfrist:	4 Wochen (= 28 Tage!) zum 15. des Monats (M) oder 4 Wochen (= 28 Tage!) zum Monatsende (ME)
Verlängerte Frist (gilt nur für Arbeitgeberkündigungen):	2 Jahre Betriebszugehörigkeit – 1 M/ME 5 Jahre Betriebszugehörigkeit – 2 M/ME 8 Jahre Betriebszugehörigkeit – 3 M/ME 10 Jahre Betriebszugehörigkeit – 4 M/ME 12 Jahre Betriebszugehörigkeit – 5 M/ME 15 Jahre Betriebszugehörigkeit – 6 M/ME

a Fischer: Frau Fischer, geb. 15. Jan. 1969, seit 1. Jan. 2004 im Betrieb, soll zum 31. Okt. 2011 gekündigt werden.

Kündigungsfrist: ....

Eingang der Kündigung: ....

Begründung: ....

b Seidel: Herr Seidel, geb. 17. März 1964, seit dem 1. Jan. 1996 bei uns beschäftigt, soll zum 31. Okt. 2011 gekündigt werden.

Kündigungsfrist: ....

Eingang der Kündigung: ....

Begründung: ....

LF 13
Beendigung von Arbeitsverhältnissen

c Auernhammer: Herr Auernhammer, geb. 12. Dez. 1976, seit 1. Jan. 2003 im Betrieb, soll zum 31. Okt. 2011 gekündigt werden.

Kündigungsfrist:

Eingang der Kündigung:

Begründung:

d Paschulke: Frau Paschulke, geb. 17. Aug. 1986, seit dem 1. Mai 2009 bei uns tätig, soll zum nächstmöglichen Termin gekündigt werden.

Kündigungsfrist:

Eingang der Kündigung:

Begründung:

e Huth: Frau Huth, geb. 25. Juli 1977, seit dem 1. April 1997 im Verkauf tätig, will zum 1. Okt. 2011 eine neue Stelle in Sachsen antreten. Sie will wissen, bis zu welchem Termin die Kündigung spätestens bei uns eingegangen sein muss.

Kündigungsfrist:

Eingang der Kündigung:

Begründung:

Beendigung von Arbeitsverhältnissen — LF 13

2 Im Rahmen eines Prüfungsvorbereitungskurses werden die folgenden Fragen gestellt. Entscheiden Sie, ob die jeweilige Aussage richtig oder falsch ist und kreuzen Sie an:

Aussage	richtig	falsch
Bei einer ordentlichen Kündigung endet das Arbeitsverhältnis mit Zugang der Kündigung.		
Im Arbeitsvertrag kann eine Kündigungsfrist von 2 Wochen vereinbart werden.		
Das Kündigungsschutzgesetz gilt nicht für einen Arbeitnehmer, der seit 5 Monaten im Betrieb ist.		
Für Betriebe ab 15 Mitarbeitern gilt das Kündigungsschutzgesetz.		
Der Arbeitgeber kann auch ohne Gründe kündigen.		
Ein personenbezogener Grund für eine Arbeitgeberkündigung ist die mangelnde Eignung.		
Einer verhaltensbedingten Kündigung muss i. d. R. eine Abmahnung vorausgehen.		
Eine Abmahnung muss spätestens 2 Monate nach der Pflichtverletzung erfolgen.		
Bei betriebsbedingten Kündigungen müssen Auswahlkriterien beachtet werden.		
Eine Kündigungsfrist von 4 Wochen ist gleichbedeutend mit einer Kündigungsfrist von 1 Monat.		
Ab 10 Jahren Betriebszugehörigkeit verlängern sich die Kündigungsfristen für den Arbeitgeber.		
Bei der Berechnung der Betriebszugehörigkeit werden Zeiten erst ab dem 25. Lebensjahr berücksichtigt.		
Der Arbeitgeber kann bei häufigen Erkrankungen kündigen, wenn eine negative Gesundheitsprognose vorliegt, die Fehlzeiten die betrieblichen Interessen beeinträchtigen und die Beeinträchtigungen dem Arbeitgeber nicht zumutbar sind.		

3 Ergänzen Sie den Lückentext mit den folgenden Begriffen:

Tatsachen – Arbeitnehmerrechte – Gesundheitsgefahren – zwei – wichtigen – unwirksam – sofort – Tätlichkeiten – Betriebsfriedens – Arbeitnehmers – Verstoß – fristlose – Arbeitsentgelts.

Die außerordentliche, auch _____ Kündigung genannt, setzt einen „_____ Kündigungsgrund" voraus. Durch die außerordentliche Kündigung wird das Arbeitsverhältnis _____ ohne Einhaltung einer Frist beendet.

Wichtige Gründe für den Arbeitgeber können sein:

→ Straftaten des _____ im Betrieb (Diebstahl, …)

→ erheblicher _____ gegen die Schweigepflicht

→ schwere Störung des _____

Wichtige Gründe für den Arbeitnehmer können sein:

→ keine Zahlung des _____

→ ernsthafte _____ am Arbeitsplatz

→ _____ gegen den Arbeitnehmer.

LF 13

Entgeltabrechnungen

Der Gesetzgeber verlangt, dass eine außerordentliche Kündigung spätestens .... Wochen nach Bekanntwerden der für die Kündigung maßgeblichen .... erfolgt, ansonsten ist die Kündigung .... Damit soll verhindert werden, dass der Arbeitnehmer aus Angst vor der drohenden Kündigung seine .... nicht mehr durchsetzen kann.

Entgeltabrechnungen

a Der Angestellte Hein B. ist verheiratet, katholisch und hat 2 Kinder. Er bezieht ein Tarifgehalt von 3.525,00 € und hat Steuerklasse III. Im Dezember erhält er zusätzlich 175,00 € Mehrarbeitsvergütung. Krankenkassenbeitrag 15,5 %. Bitte erstellen Sie die Lohn- und Gehaltsabrechnung.

Beitragsbemessungsgrenze 2011	
Rentenversicherung (RV)	5.500,00 €
Arbeitslosenversicherung (AV)	5.500,00 €
Krankenversicherung (KV)	3.712,50 €
Pflegeversicherung (PV)	3.712,50 €

Liegt das Bruttoentgelt **über** der jeweiligen Beitragsbemessungsgrenze, so ist zur Berechnung des Beitrags die jeweilige Beitragsbemessungsgrenze als Bruttoverdienst anzusetzen, sonst der jeweilige Verdienst.

	€	Berechnungshinweise
Bruttoentgelt		siehe Fall a
− Lohnsteuer		siehe Tabelle folgende Seite
− Kirchensteuer (8 % der Lohnsteuer)		siehe Tabelle folgende Seite
− Solidaritätszuschlag (Tabelle bzw. 5,5 % der LSt)		siehe Tabelle folgende Seite
− Rentenversicherung		19,9 %
− Arbeitslosenversicherung		3,0 %
− Krankenversicherung		15,5 % (AN 8,2 %)
− Pflegeversicherung		1,95 %
= Überweisung (Nettoentgelt)		Netto = Brutto − Abzüge

Entgeltabrechnungen — LF 13

Abzüge an Lohnsteuer, Solidaritätszuschlag (SolZ) und Kirchensteuer (8%, 9%) in den Steuerklassen

Lohn/Gehalt bis €*	StKl	I–VI ohne Kinderfreibeträge LSt	SolZ	8%	9%	StKl	I, II, III, IV LSt	0,5 SolZ	8%	9%	1 SolZ	8%	9%	1,5 SolZ	8%	9%	2 SolZ	8%	9%	2,5 SolZ	8%	9%	3** SolZ	8%	9%
3 695,99	I,IV	677,08	37,23	54,16	60,93	I	677,08	31,74	46,18	51,95	26,51	38,57	43,39	21,54	31,34	35,25	16,83	24,48	27,54	12,37	18,—	20,25	8,17	11,88	13,37
	II	639,25	35,15	51,14	57,53	II	639,25	29,76	43,30	48,71	24,63	35,83	40,31	19,75	28,74	32,33	15,13	22,02	24,77	10,77	15,67	17,63	6,67	9,70	10,91
	III	394,83	21,71	31,58	35,53	III	394,83	17,54	25,52	28,71	13,50	19,64	22,09	2,43	13,93	15,67	—	8,69	9,77	—	4,20	4,72	—	0,45	0,50
	V	1 046,58	57,56	83,72	94,19	IV	677,08	34,46	50,12	56,39	31,74	46,18	51,95	29,10	42,33	47,62	26,51	38,57	43,39	24,—	34,91	39,27	21,54	31,34	35,25
	VI	1 080,08	59,40	86,40	97,20																					
3 698,99	I,IV	677,91	37,28	54,23	61,01	I	677,91	31,79	46,25	52,03	26,56	38,64	43,47	21,59	31,40	35,33	16,87	24,54	27,60	12,41	18,05	20,30	8,20	11,94	13,43
	II	640,16	35,20	51,21	57,61	II	640,16	29,81	43,36	48,78	24,67	35,89	40,37	19,80	28,80	32,40	15,17	22,07	24,83	10,81	15,72	17,69	6,70	9,75	10,97
	III	395,50	21,75	31,64	35,59	III	395,50	17,58	25,57	28,76	13,53	19,69	22,15	2,56	13,98	15,73	—	8,73	9,82	—	4,24	4,77	—	0,48	0,54
	V	1 047,66	57,62	83,81	94,28	IV	677,91	34,51	50,20	56,47	31,79	46,25	52,03	29,15	42,40	47,70	26,56	38,64	43,47	24,04	34,97	39,34	21,59	31,40	35,33
	VI	1 081,16	59,46	86,49	97,30																					
3 701,99	I,IV	678,83	37,33	54,30	61,09	I	678,83	31,84	46,32	52,11	26,61	38,70	43,54	21,63	31,46	35,39	16,91	24,60	27,67	12,44	18,10	20,36	8,24	11,99	13,49
	II	641,—	35,25	51,28	57,69	II	641,—	29,86	43,43	48,86	24,72	35,96	40,45	19,84	28,86	32,46	15,21	22,13	24,89	10,84	15,78	17,75	6,74	9,80	11,03
	III	396,16	21,78	31,69	35,65	III	396,16	17,61	25,62	28,82	13,56	19,73	22,19	2,70	14,04	15,79	—	8,77	9,86	—	4,26	4,79	—	0,50	0,56
	V	1 048,75	57,68	83,90	94,38	IV	678,83	34,55	50,26	56,54	31,84	46,32	52,11	29,19	42,46	47,77	26,61	38,70	43,54	24,09	35,04	39,42	21,63	31,46	35,39
	VI	1 082,25	59,52	86,58	97,40																					
3 704,99	I,IV	679,75	37,38	54,38	61,17	I	679,75	31,89	46,38	52,18	26,65	38,77	43,61	21,67	31,52	35,46	16,95	24,66	27,74	12,48	18,16	20,43	8,28	12,04	13,55
	II	641,91	35,30	51,35	57,77	II	641,91	29,90	43,50	48,93	24,76	36,02	40,52	19,88	28,92	32,53	15,25	22,19	24,96	10,89	15,84	17,82	6,77	9,86	11,09
	III	397,—	21,83	31,76	35,73	III	397,—	17,65	25,68	28,89	13,60	19,78	22,25	2,83	14,09	15,85	—	8,82	9,92	—	4,30	4,84	—	0,54	0,61
	V	1 049,83	57,74	83,99	94,48	IV	679,75	34,60	50,34	56,63	31,89	46,38	52,18	29,24	42,53	47,84	26,65	38,77	43,61	24,13	35,10	39,48	21,67	31,52	35,46
	VI	1 083,33	59,58	86,66	97,49																					
3 707,99	I,IV	680,66	37,43	54,45	61,25	I	680,66	31,94	46,46	52,26	26,70	38,84	43,69	21,72	31,59	35,54	16,99	24,72	27,81	12,52	18,22	20,49	8,31	12,10	13,61
	II	642,83	35,35	51,42	57,85	II	642,83	29,95	43,56	49,01	24,80	36,08	40,59	19,92	28,98	32,60	15,29	22,24	25,02	10,92	15,89	17,87	6,81	9,90	11,14
	III	397,66	21,87	31,81	35,78	III	397,66	17,69	25,73	28,94	13,64	19,84	22,32	2,93	14,13	15,89	—	8,86	9,97	—	4,34	4,88	—	0,57	0,64
	V	1 051,—	57,80	84,08	94,59	IV	680,66	34,65	50,40	56,70	31,94	46,46	52,26	29,28	42,60	47,92	26,70	38,84	43,69	24,17	35,16	39,56	21,72	31,59	35,54
	VI	1 084,41	59,64	86,75	97,59																					
3 710,99	I,IV	681,58	37,48	54,52	61,34	I	681,58	31,98	46,52	52,34	26,74	38,90	43,76	21,76	31,65	35,60	17,03	24,78	27,87	12,56	18,28	20,56	8,35	12,15	13,67
	II	643,75	35,40	51,50	57,93	II	643,75	30,—	43,64	49,09	24,85	36,15	40,67	19,96	29,04	32,67	15,33	22,30	25,09	10,96	15,94	17,93	6,84	9,96	11,20
	III	398,33	21,90	31,86	35,84	III	398,33	17,72	25,78	29,—	13,67	19,89	22,37	3,06	14,18	15,95	—	8,90	10,01	—	4,38	4,93	—	0,60	0,67
	V	1 052,08	57,86	84,16	94,68	IV	681,58	34,70	50,48	56,79	31,98	46,52	52,34	29,33	42,67	48,—	26,74	38,90	43,76	24,22	35,23	39,63	21,76	31,65	35,60
	VI	1 085,50	59,70	86,84	97,69																					
3 713,99	I,IV	682,58	37,54	54,60	61,43	I	682,58	32,03	46,60	52,42	26,79	38,97	43,84	21,80	31,72	35,68	17,07	24,84	27,94	12,60	18,34	20,63	8,39	12,20	13,73
	II	644,66	35,45	51,57	58,01	II	644,66	30,05	43,71	49,17	24,90	36,22	40,75	20,01	29,11	32,75	15,38	22,37	25,16	11,—	16,—	18,—	6,88	10,01	11,26
	III	399,—	21,94	31,92	35,91	III	399,—	17,76	25,84	29,07	13,71	19,94	22,43	3,20	14,24	16,02	—	8,96	10,08	—	4,42	4,97	—	0,64	0,72
	V	1 053,25	57,92	84,26	94,79	IV	682,58	34,76	50,56	56,88	32,03	46,60	52,42	29,38	42,74	48,08	26,79	38,97	43,84	24,26	35,30	39,71	21,80	31,72	35,68
	VI	1 086,66	59,76	86,93	97,79																					
3 716,99	I,IV	683,58	37,59	54,68	61,52	I	683,58	32,09	46,68	52,51	26,84	39,04	43,92	21,85	31,79	35,76	17,12	24,90	28,01	12,65	18,40	20,70	8,43	12,26	13,79
	II	645,66	35,51	51,65	58,10	II	645,66	30,10	43,78	49,25	24,95	36,29	40,82	20,06	29,18	32,82	15,42	22,43	25,23	11,04	16,06	18,07	6,92	10,07	11,33
	III	399,83	21,99	31,98	35,98	III	399,83	17,81	25,90	29,14	13,75	20,—	22,50	3,33	14,29	16,07	—	9,—	10,12	—	4,46	5,02	—	0,66	0,74
	V	1 054,41	57,99	84,35	94,89	IV	683,58	34,81	50,63	56,96	32,09	46,68	52,51	29,43	42,81	48,16	26,84	39,04	43,92	24,31	35,37	39,79	21,85	31,79	35,76
	VI	1 087,91	59,83	87,03	97,91																					
3 719,99	I,IV	684,58	37,65	54,76	61,61	I	684,58	32,14	46,75	52,59	26,89	39,12	44,01	21,90	31,86	35,84	17,16	24,97	28,09	12,69	18,46	20,76	8,47	12,32	13,86
	II	646,66	35,56	51,73	58,19	II	646,66	30,15	43,86	49,34	25,—	36,36	40,91	20,10	29,24	32,90	15,46	22,50	25,31	11,08	16,12	18,14	6,96	10,12	11,39
	III	400,50	22,02	32,04	36,04	III	400,50	17,84	25,96	29,20	13,79	20,06	22,57	3,46	14,34	16,13	—	9,05	10,18	—	4,50	5,06	—	0,70	0,79
	V	1 055,58	58,05	84,44	95,—	IV	684,58	34,86	50,71	57,05	32,14	46,75	52,59	29,48	42,89	48,25	26,89	39,12	44,01	24,36	35,44	39,87	21,90	31,86	35,84
	VI	1 089,08	59,89	87,12	98,01																					
3 722,99	I,IV	685,58	37,70	54,84	61,70	I	685,58	32,19	46,83	52,68	26,94	39,19	44,09	21,94	31,92	35,91	17,21	25,04	28,17	12,73	18,52	20,84	8,51	12,38	13,92
	II	647,66	35,62	51,81	58,28	II	647,66	30,20	43,94	49,42	25,05	36,44	40,99	20,15	29,31	32,97	15,51	22,56	25,38	11,12	16,18	18,20	7,—	10,18	11,45
	III	401,33	22,07	32,10	36,11	III	401,33	17,88	26,01	29,26	13,83	20,12	22,63	3,60	14,40	16,20	—	9,10	10,24	—	4,54	5,11	—	0,73	0,82
	V	1 056,83	58,12	84,54	95,11	IV	685,58	34,92	50,79	57,14	32,19	46,83	52,68	29,53	42,96	48,33	26,94	39,19	44,09	24,41	35,51	39,95	21,94	31,92	35,91
	VI	1 090,33	59,96	87,22	98,12																					
3 725,99	I,IV	686,58	37,76	54,92	61,79	I	686,58	32,24	46,90	52,76	26,99	39,26	44,17	22,—	32,—	36,—	17,26	25,10	28,24	12,77	18,58	20,90	8,55	12,44	13,99
	II	648,58	35,67	51,88	58,37	II	648,58	30,25	44,01	49,51	25,09	36,50	41,06	20,19	29,38	33,05	15,55	22,62	25,45	11,16	16,24	18,27	7,04	10,24	11,52
	III	402,—	22,11	32,16	36,18	III	402,—	17,93	26,08	29,34	13,86	20,17	22,69	3,76	14,46	16,27	—	9,14	10,28	—	4,58	5,15	—	0,77	0,86
	V	1 058,—	58,19	84,66	95,22	IV	686,58	34,97	50,87	57,23	32,24	46,90	52,76	29,59	43,04	48,42	26,99	39,26	44,17	24,46	35,58	40,03	22,—	32,—	36,—
	VI	1 091,58	60,03	87,32	98,23																					
3 728,99	I,IV	687,58	37,81	55,—	61,88	I	687,58	32,30	46,98	52,85	27,04	39,34	44,25	22,04	32,06	36,07	17,30	25,17	28,31	12,81	18,64	20,97	8,59	12,50	14,06
	II	649,58	35,72	51,96	58,46	II	649,58	30,30	44,08	49,59	25,14	36,58	41,15	20,24	29,45	33,13	15,60	22,69	25,52	11,21	16,31	18,35	7,08	10,30	11,58
	III	402,83	22,15	32,22	36,25	III	402,83	17,96	26,13	29,39	13,91	20,24	22,77	3,90	14,52	16,33	—	9,20	10,35	—	4,62	5,20	—	0,80	0,90
	V	1 059,25	58,25	84,74	95,33	IV	687,58	35,03	50,95	57,32	32,30	46,98	52,85	29,64	43,12	48,51	27,04	39,34	44,25	24,51	35,64	40,11	22,04	32,06	36,07
	VI	1 092,75	60,10	87,42	98,34																					
3 731,99	I,IV	688,58	37,87	55,08	61,97	I	688,58	32,35	47,06	52,94	27,09	39,41	44,33	22,09	32,14	36,15	17,35	25,24	28,39	12,86	18,71	21,05	8,63	12,56	14,13
	II	650,58	35,78	52,04	58,55	II	650,58	30,36	44,16	49,68	25,19	36,65	41,23	20,29	29,52	33,21	15,64	22,76	25,60	11,25	16,37	18,41	7,12	10,36	11,65
	III	403,66	22,20	32,29	36,32	III	403,66	18,01	26,20	29,47	13,95	20,29	22,82	4,03	14,57	16,39	—	9,25	10,40	—	4,66	5,24	—	0,84	0,94
	V	1 060,41	58,32	84,83	95,43	IV	688,58	35,08	51,02	57,40	32,35	47,06	52,94	29,69	43,19	48,59	27,09	39,41	44,33	24,56	35,72	40,19	22,09	32,14	36,15
	VI	1 093,91	60,16	87,51	98,45																					

Quelle: Stollfußtabelle 2011, S. T72

LF 13 — Entgeltabrechnungen

b Die Angestellte Melissa E., Steuerklasse III/0,5, r.-k., bezieht ein Bruttogehalt von 3.685,00 € monatlich. Sie erhält vom Arbeitgeber lt. Vertrag 40,00 € vermögenswirksame Leistungen (VL), die an die Bausparkasse überwiesen werden. KV: 15,5 %. Bitte erstellen Sie die Lohn- und Gehaltsabrechnung.

Beitragsbemessungsgrenze 2011	
Rentenversicherung (RV)	5.500,00 €
Arbeitslosenversicherung (AV)	5.500,00 €
Krankenversicherung (KV)	3.712,50 €
Pflegeversicherung (PV)	3.712,50 €

Liegt das Bruttoentgelt **über** der jeweiligen Beitragsbemessungsgrenze, so ist zur Berechnung des Beitrags die jeweilige Beitragsbemessungsgrenze als Bruttoverdienst anzusetzen, sonst der jeweilige Verdienst.

	€	Berechnungshinweise
Bruttoentgelt		siehe Fall b (3.685,00 € + 40,00 €)
– Lohnsteuer		siehe Tabelle vorherige Seite
– Kirchensteuer		siehe Tabelle vorherige Seite bzw. 8 % der Lohnsteuer
– Solidaritätszuschlag		siehe Tabelle vorherige Seite bzw. 5,5 % der LSt
– Rentenversicherung		19,9 %
– Arbeitslosenversicherung		3,0 %
– Krankenversicherung		15,5 % (AN 8,2 %)
– Pflegeversicherung		1,95 %
– vermögenswirksame Leistungen		Überweisung an Bausparkasse
= Überweisung (Nettoentgelt)		Netto = Brutto – Abzüge

Entgeltabrechnungen — LF 13

c) Der Arbeiter Adi Dassler, Steuerklasse I/1,0, ev., erhält ein Bruttogehalt von 5.580,00 €, VL des Arbeitgebers 20,00 €, Lohnsteuer 1.447,08 €. Er ist krankenversichert: Beitragssatz 15,5 %. Es werden 40,00 € VL an die Bank überwiesen. Bitte erstellen Sie die Lohn- und Gehaltsabrechnung.

Beitragsbemessungsgrenze 2011		Liegt das Bruttoentgelt **über** der jeweiligen Beitragsbemessungsgrenze, so ist zur Berechnung des Beitrags die jeweilige Beitragsbemessungsgrenze als Bruttoverdienst anzusetzen, sonst der jeweilige Verdienst.
Rentenversicherung (RV)	5.500,00 €	
Arbeitslosenversicherung (AV)	5.500,00 €	
Krankenversicherung (KV)	3.712,50 €	
Pflegeversicherung (PV)	3.712,50 €	

	€	Berechnungshinweise
Bruttoentgelt		siehe Fall c (5.580,00 € + 20,00 €)
− Lohnsteuer		lt. Angabe
− Kirchensteuer		8 % der Lohnsteuer
− Solidaritätszuschlag		5,5 % der Lohnsteuer
− Rentenversicherung		19,9 %
− Arbeitslosenversicherung		3,0 %
− Krankenversicherung		15,5 % (AN 8,2 %)
− Pflegeversicherung		1,95 %
−		Überweisung an Bank
= Überweisung (Nettoentgelt)		Netto = Brutto − Abzüge

LF 14

Lernfeld 14: **Ein Einzelhandelsunternehmen leiten und entwickeln**

Kaufmännische Vorüberlegungen

1 Grundlegende Entscheidungen

Bevor eine Geschäftsgründung vorgenommen werden kann, sind zunächst vier grundlegende Entscheidungen zu treffen:

a .... will ich verkaufen? ⟶ ....

b .... will ich verkaufen? ⟶ ....

c .... will ich verkaufen? ⟶ ....

d .... will ich verkaufen? ⟶ ....

2 Kapital und Kapitaleinsatz

| Kapitalbedarf | = ... |

Ermittlung der Aufwendungen für:
- a) ....
- b) Kosten der ....
- c) Aufbau eines ....
- d) Berücksichtigung eines ....

| Finanzierung | = ... |

Ermittlung des Kapitalanteils an:
- a) ....
- b) ....

| Investition | = ... |

Verwendung dieser Mittel für:
- a) ....
- b) ....

Kaufmännische Vorüberlegungen — LF 14

3 Persönliche, fachliche und rechtliche Voraussetzungen für die Unternehmensgründung

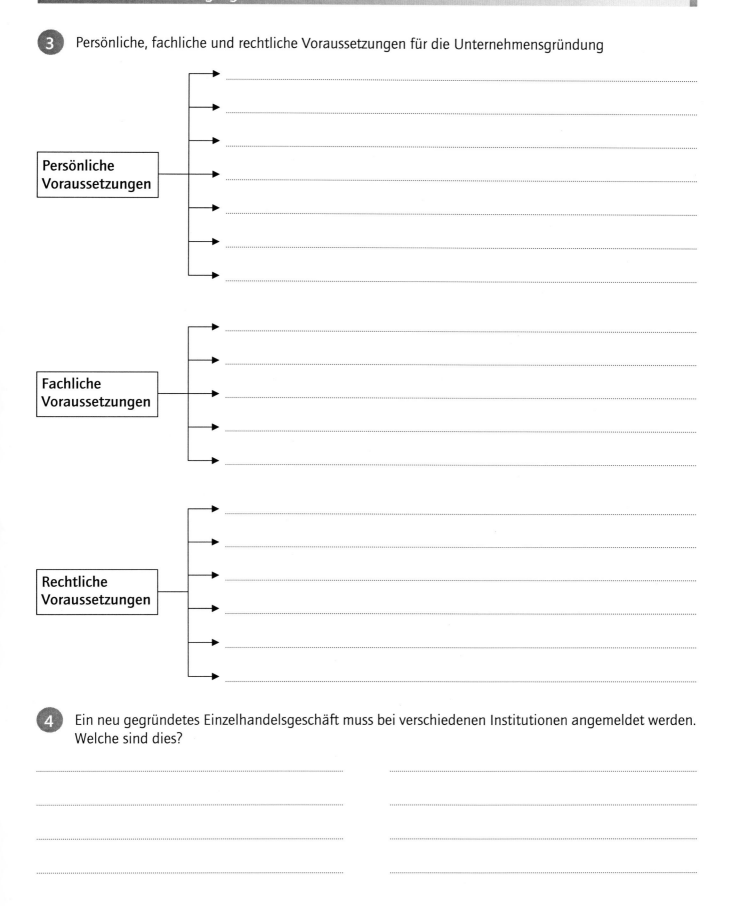

4 Ein neu gegründetes Einzelhandelsgeschäft muss bei verschiedenen Institutionen angemeldet werden. Welche sind dies?

LF 14 — Kaufmannseigenschaft

Kaufmannseigenschaft

1 § 1 HGB

„Kaufmann *ist*, wer ....!"

2 Kaufmannsarten

Voraussetzung nach HGB	Art der Kaufmannseigenschaft	Eintragung im Handelsregister
① Gewerbebetrieb mit typisch kaufmännischer Organisation		☐ Pflicht ☐ Wahlrecht
② Kapitalgesellschaften, Genossenschaften		☐ Pflicht ☐ Wahlrecht
③ Kleingewerbetreibende		☐ Pflicht ☐ Wahlrecht
④ Land- und fortstwirtschaftliche Nebenbetriebe		☐ Pflicht ☐ Wahlrecht

3 Entscheiden Sie:

	Ist-kaufmann	Kann-kaufmann	Form-kaufmann	Nicht-kaufmann
Architekten Weiss und Schwarz	☐	☐	☐	☐
Flora Versand GmbH	☐	☐	☐	☐
Landwirt Müller betreibt ein Sägewerk	☐	☐	☐	☐
Möbelfachgeschäft Tagmann	☐	☐	☐	☐
Lilo Kraus, kfm. Angestellte	☐	☐	☐	☐
Hans Müller, eingetragener Kaufmann	☐	☐	☐	☐
Lorenz Bauer, Nebenerwerbslandwirt	☐	☐	☐	☐
Kaufpark München AG	☐	☐	☐	☐
Landwirt Keller betreibt eine Brennerei	☐	☐	☐	☐
Tabakwarenspezialgeschäft Neumann	☐	☐	☐	☐
Hausfrau Karin verkauft im Internet Kosmetika	☐	☐	☐	☐

Firma

1 Die Firma ist der ....

unter dem er: **a** ....

b ....

c ....

d ....

Firma — LF 14

2 Firmengrundsätze

Firmenausschließlichkeit	Jede Firma muss .... Bei Namensgleichheit durch einen ....
Firmenöffentlichkeit	Jedermann kann sich durch Einsicht im .... über die Firma informieren.
Firmenbeständigkeit	Bei einem Inhaberwechsel kann die Firma ....
Angabe der Rechtsform	Aus der Firmenbezeichnung muss .... erkennbar sein.
Irreführungsverbot	Die Firma darf keine .... enthalten.
Veräußerungsverbot	Die Firma darf nur mit dem .... verkauft werden.

3 Arten der Firma

Der eigentliche Firmenname kann nach vier verschiedenen Mustern gebildet werden:

- **a** Der Name des Firmeninhabers ist die Firma: → .... ①
- **b** Der Gegenstand des Unternehmens ist die Firma: → .... ②
- **c** Ein Fantasiename wird als Firma gewählt: → .... ③
- **d** Die Möglichkeiten werden kombiniert: → .... ④

4 Firmenname des Kaufmanns

Der Firmenname besteht aus zwei Teilen:

	+	
		①
		②
		③
		④

LF 14 Handelsregister

5 Rosi Meier, Verkäuferin im gleichnamigen Textilgeschäft ihrer Mutter, möchte sich selbstständig machen. Für ihre kleine Boutique in einem Münchner Vorort überlegt sie sich folgende Firmenbezeichnungen. Entscheiden Sie, ob die gewählten Firmenbezeichnungen zulässig sind bzw. wenn nicht, gegen welchen Firmengrundsatz verstoßen wird.

1. Rosi Meier, Textilgeschäft ....

2. Modeboutique Rosi Meier ....

3. Boutique Rosi, Inh. Rosi Meier ....

4. Münchner Modezentrale ....

6 Rosi Meier heiratet Franz Kaiser. Das Paar entscheidet sich für den Ehenamen Kaiser. Muss Rosi Kaiser nun die Firma ihres Geschäfts ändern?

....

Handelsregister

1 Das Handelsregister ist ein ...

beim .... geführtes öffentliches .... aller ....

des ....

2 Das Handelsregister ist in zwei Abteilungen untergliedert:

→ Abteilung A: ....

→ Abteilung B: ....

3 Öffentlichkeit des Handelsregisters

1. .... kann in das Handelsregister ....

2. Alle Eintragungen werden veröffentlicht in ....

3. Unterstrichene Stellen im Handelsregister (oder Handelsregisterauszug) ....

Rechtsformen

LF 14

Rechtsformen

① Rechtsform des Unternehmens

```
                          Unternehmen
         ┌──────────────────────┴──────────────────────┐
ein ............. Unternehmer              mehrere Unternehmer
                                    ┌──────────────┴──────────────┐
                          ............. Unternehmer leiten   ............. Kapitalgeber
```

② Einzelunternehmen

| Verbreitung des Einzelunternehmens | → Das Einzelunternehmen ist die Unternehmensform, die in der Wirtschaftspraxis .... |

| Vorteile des Einzelunternehmens | → Der Unternehmer kann seine Entscheidungen .... treffen, da er die .... Es gibt keine .... mit anderen Mitgesellschaftern, keine .... |

| Nachteile des Einzelunternehmens | → Der Unternehmer trägt .... Der Unternehmer hat .... Er .... für alle Geschäftsschulden, d. h. mit seinem gesamten .... |

| Firma des Einzelunternehmens | → Firmenkern: meistens Personenfirma (Vor- und Zuname des Unternehmers) Firmenzusatz: Handelszweig, z. B. .... und Rechtsform: .... |

LF 14 — Rechtsformen

Beachten Sie den Unterschied!

Einzelunternehmen: ....

Einzelhandelsunternehmen: ....

3 Offene Handelsgesellschaft

Entstehung der OHG → Zusammenschluss von mindestens ....

Abschluss eines ....

Firma der OHG → Firmenkern + Firmenzusatz ....

z. B. ....

Haftung der OHG → .... Gesellschafter haften …

.... = jeder kann direkt für Geschäftsschulden herangezogen werden.

.... = jeder haftet mit seinem ....

.... = jeder steht für .... Geschäftsschulden ein.

Verteilung des Gewinns → Die Verteilung des Gewinnes erfolgt nach den Regelungen im ....

.... Ist nichts vereinbart, gelten die Bestimmungen des HGB:

....

....

Pflichten der Gesellschafter →

....

....

Rechte der Gesellschafter →

....

....

Aufgabe → Die Firma Haas & Ott OHG erzielte einen Gewinn von 120.000,00 €. Haas hat einen Kapitalanteil von 400.000,00 €, Ott von 800.00,00 €. Verteilen Sie den Gewinn nach den Vorschriften des HGB.

Rechtsformen — LF 14

Gesellschafter	Kapitalanteil	4% Verzinsung	Rest	Gewinnanteil
Haas				
Ott				

4 Kommanditgesellschaft

Entstehung der KG → Abschluss eines ....

Zusammenschluss von mindestens ....

und mindestens ....

Firma der KG → Firmenkern + Firmenzusatz ....

Haftung → VH: ....

TH: ....

Verteilung des Gewinns → Die Verteilung des Gewinnes erfolgt nach den Regelungen im ....

.... sonst nach HGB: ....

....

Pflichten der Gesellschafter → VH: .... TH: ....

Rechte der Gesellschafter → VH: .... TH: ....

Aufgabe → Die Curt Moll KG erzielt einen Gewinn von 90.000,00 €. Moll ist Komplementär und mit 750.000,00 €, Berger ist Kommanditist und mit 150.00,00 € beteiligt. Die Gewinnverteilung ist im Gesellschaftsvertrag nicht geregelt.

Gesellschafter	Kapitalanteil	4 % Verzinsung	Rest	Gewinnanteil
Moll				
Berger				

LF 14 — Rechtsformen

5 Aktiengesellschaft

Wesen der Aktiengesellschaft → Die Aktiengesellschaft ist eine _____, d. h., nicht mehr die Person(en) stehen im Vordergrund, sondern _____

Entstehung der Aktiengesellschaft → mindestens _____ Gründer

Eintragung ins das Handelsregister als _____

Firma der AG → Firmenkern + Firmenzusatz _____

Kapital der AG → vorgeschriebenes Mindestkapital _____

Aktie → Das Kapital der Aktiengesellschaft wird durch den Verkauf von _____ aufgebracht. Der auf der Aktie aufgedruckte Wert (z. B. 1,00 €) ist der _____, der beim Kauf oder Verkauf der Aktie fällige Preis ist der _____

Haftung → Der Aktionär der AG haftet _____

Organe der AG → Da Kapitalgesellschaften _____ sind, benötigen sie zu ihrer Vertretung sogenannte _____ (wie z. B. auch Sportverein).

1. Vorstand: _____

2. Aufsichtsrat: _____

3. Hauptversammlung: _____

Gewinnverwendung → Der Gewinn der AG wird (z. T.) als _____ auf die Aktien ausgeschüttet.

Beispiele → _____

Rechtsformen — LF 14

6 Gesellschaft mit beschränkter Haftung

Wesen der GmbH → Die Gesellschaft mit beschränkter Haftung ist eine _____

Gründung der GmbH → mindestens _____ Gründer

Eintragung in das Handelsregister als _____

Firma der GmbH → Firmenkern + Firmenzusatz _____

_____

Kapital → vorgeschriebenes Mindeskapital: _____

_____

Aufteilung des Kapitals in: _____

_____ Diese sind keine Wertpapiere, deshalb

erfolgt auch kein _____

Haftung → Die Gesellschafter der GmbH haften _____

_____

Organe der GmbH → 1. Geschäftsführer: _____

2. Aufsichtsrat: _____

_____

3. Gesellschafterversammlung: _____

_____

_____

Gewinnverwendung → Verteilung des Gewinns: _____

_____

Beispiele → _____

_____

LF 14 — Unternehmerische Zielsetzungen

Unternehmerische Zielsetzungen

1 Formulieren Sie die oberste Zielsetzung für ein Einzelhandelsgeschäft.

2 Neben diesem obersten Ziel gibt es ein ganzes Bündel von *Unterzielen* im Unternehmen, die alle der Verwirklichung des Gesamtzieles dienen. Nennen Sie vier derartige Unterziele:

① .... ③ ....

② .... ④ ....

3 Finden Sie zu jedem der aufgeführten Unterziele wiederum zwei Teilziele, die dazu dienen können, das jeweilige Unterziel zu erfüllen.

①

②

③

④

4 Zwischen Teilzielen entsteht häufig ein Zielkonflikt, ausgehend in der Regel vom Standpunkt dessen, der das Ziel formuliert hat. Nennen Sie einen Weg zur Konfliktlösung:

5 Ein Zielkonflikt zwischen der Abteilung Einkauf und der Abteilung Verkauf ist entstanden. Der Einkauf möchte die Bestände reduzieren, der Verkauf hätte gerne mehr Ware auf Lager. Wie kann der Konflikt gelöst werden?

Entscheidungsbefugnisse

Entscheidungsbefugnisse

1 Handlungsvollmacht

```
                    Arten                    Erlaubt die Ausübung...

                  ┌─────────┐
                  │         │──── ... von _____ Aufträgen (Botengang)
   ┌───────────┐  ├─────────┤
   │Handlungs- │──│         │──── ... einer _____ Tätigkeit (Verkäufer/-in)
   │vollmacht  │  ├─────────┤
   └───────────┘  │         │──── ... aller _____ Rechtshandlungen
        │         └─────────┘
   ┌───────────┐  ┌─────────┐
   │ Vollmacht │  │         │──── ... der _____ umfassendsten Vollmacht
   └───────────┘  ├─────────┤
        │         │         │──── ... der _____ umfassendsten Vollmacht
   ┌───────────┐  ├─────────┤
   │  Prokura  │──│         │──── ... der umfassenden Vollmacht auf _____
   └───────────┘  └─────────┘
```

2 Erteilung von Handlungsvollmacht und Prokura

Handlungsvollmacht kann _____ durch alle Personen mit einer _____ Vollmacht erteilt werden.

Prokura kann nur durch Eintragung in das _____ von _____ erteilt werden.

3 Welche der folgenden Rechtshandlungen darf der Generalbevollmächtigte im Rahmen seiner Vollmacht ausführen? (Kreuzen Sie an.)

☐ Waren ein- und verkaufen   ☐ Sondervollmacht erteilen
☐ Betrieb umorganisieren   ☐ Artvollmacht erteilen
☐ Wechsel ausstellen   ☐ Prokura erteilen
☐ Grundstücke belasten   ☐ Prozesse führen
☐ Grundstücke verkaufen   ☐ Geschäftsbriefe unterschreiben
☐ Mitarbeiter einstellen   ☐ Geschäft auflösen
☐ Mitarbeiter entlassen

4 Welche der folgenden Tätigkeiten darf der Prokurist vornehmen, welche sind dem Inhaber vorbehalten? (Kreuzen Sie jeweils an.)

	Prokurist	Inhaber		Prokurist	Inhaber
Inventar unterschreiben	☐	☐	Prozesse führen	☐	☐
Grundstücke verkaufen	☐	☐	Wechsel unterschreiben	☐	☐
Grundstücke kaufen	☐	☐	Bilanzen unterschreiben	☐	☐
Grundstücke belasten	☐	☐	Prokuristen ernennen	☐	☐
Steuererklärung unterschreiben	☐	☐	Geschäft auflösen	☐	☐
Darlehen aufnehmen	☐	☐	Mitarbeiter einstellen oder entlassen	☐	☐

Finanzierung des Unternehmens

1 Tragen Sie in das folgende vereinfachte Bilanzschema die folgenden Begriffe ein:
Finanzierung – Fremdkapital – Umlaufvermögen – Investition – Eigenkapital – Anlagevermögen

LF 14 — Finanzierung des Unternehmens

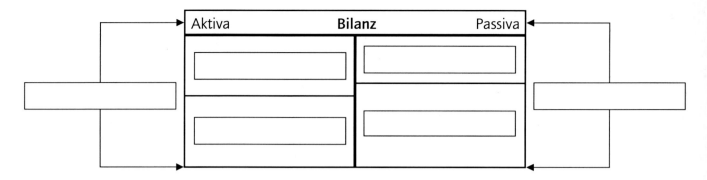

2 Finanzierung des Einzelhandelsunternehmens

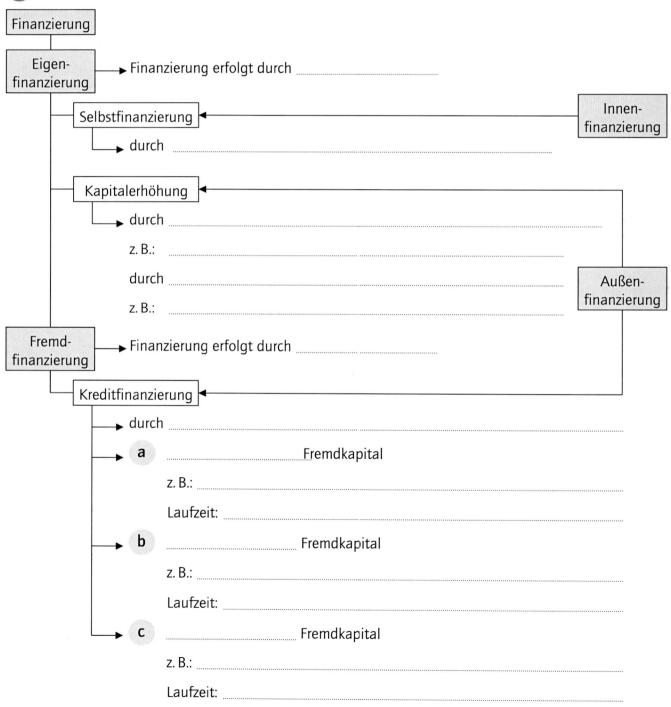

Finanzierung des Unternehmens — LF 14

3 Entscheiden Sie, wozu man die folgenden Finanzierungsformen jeweils zählen kann. (Kreuzen Sie an.)

Eigenfinanzierung	Fremdfinanzierung		Innenfinanzierung	Außenfinanzierung
☐	☐	neue Aktien ausgeben	☐	☐
☐	☐	Gewinn nicht entnehmen	☐	☐
☐	☐	Kontokorrent erhöhen	☐	☐
☐	☐	neue Mitinhaber	☐	☐
☐	☐	Grundstück verkaufen	☐	☐
☐	☐	Kundenvorauszahlungen	☐	☐
☐	☐	Hypothek aufnehmen	☐	☐
☐	☐	Abschreibungen	☐	☐
☐	☐	stiller Gesellschafter	☐	☐
☐	☐	langfristige Zahlungsziele	☐	☐

4 Kredit aufnehmen heißt _____ in Anspruch nehmen (von lat. credere = vertrauen).

5 Kreditarten
(Füllen Sie aus und kreuzen Sie Sie an.)

Kreditart	Begriff	Sicherheit	kurzfristig	mittelfristig	langfristig	Geldkredit	Warenkredit
Kontokorrentkredit	Kredit in _____ z. B. in von der Bank eingeräumter _____ Verzinsung: nur der tatsächlich in Anspruch genommene Kredit		☐	☐	☐	☐	☐
Hypothek (Grundschuld)	_____ werden als Pfand angegeben. Eintragung in das _____		☐	☐	☐	☐	☐
Lombardkredit	Darlehen gegen Übergabe eines _____		☐	☐	☐	☐	☐
Warenkredit (Liefererkredit)	Ausnutzung des von einem Lieferer gewährten _____		☐	☐	☐	☐	☐

LF 14 — Finanzierung des Unternehmens

Kreditart	Begriff	Sicherheit	kurzfristig	mittelfristig	langfristig	Geldkredit	Warenkredit
Darlehen	Die .... räumt ihrem Kunden einen Kredit für einen bestimmten Zweck ein.		☐	☐	☐	☐	☐
Kundenkredit	entweder einem Kunden eingeräumte Kredite (z. B. ....) oder: von Kunden erhaltene		☐	☐	☐	☐	☐

6 Wie viel % Jahreszins entsprechen 3 % Skonto innerhalb 10 Tagen bei einem Zahlungsziel von 30 Tagen?

Zinssatz: ——————— = _____ %

7 Ein Einzelhändler nimmt das Zahlungsziel in Anspruch und bezahlt eine Rechnung über 10.000,00 € nach 30 Tagen netto. Durch die Ausnutzung eines Kontokorrentkredites bei seiner Bank hätte er die Rechnung innerhalb von 10 Tagen unter Abzug von 3 % Skonto begleichen können. Die Bank hätte 8 % Überziehungszinsen gefordert.

a Zahlungsbetrag unter Skontoausnutzung: _____ €

b Dauer der Inanspruchnahme des Kontokorrentkredites: _____ Tage

c Kosten des Kontokorrentkredites: _____ €

d tatsächliche Ersparnis: _____ €

8 Bei der Kreditvergabe verlangt die Bank Sicherheiten. Man spricht in diesem Zusammenhang auch von dinglichen Sicherheiten. Worin besteht in den folgenden Fällen die Sicherheit für die Bank? Wer ist jeweils Eigentümer, wer ist Besitzer?

	Beispiel	Besitzer	Eigentümer
Lombardkredit			
Sicherungsübereignung			
Hypothek			

Finanzierung des Unternehmens — LF 14

9 Ein Bürge haftet einem Kreditgeber bei der Kreditvergabe für die Rückzahlung des Kredites. Wann kann bei den beiden folgenden Arten der Bürgschaft der Bürge in Anspruch genommen werden?

Ausfallbürgschaft: _____

selbstschuldnerische Bürgschaft: _____

_____

10 Sicherung von Krediten

Grundsatz: _____ Sicherheit vor _____ Sicherheit!

① **Personalkredit**, d. h., _____

_____

a) Der Bürge haftet erst dann, wenn der Hauptschuldner nicht bezahlen kann = _____

b) Der Bürge haftet gleichzeitig mit dem Hauptschuldner (z. B. Kaufleute) = _____

② **Realkredit**, d. h., _____

_____

a) Die Sicherung erfolgt z. B. durch Übergabe von _____

_____

b) Das Eigentum an einer Sache wird übertragen: _____

_____

c) Der Kredit wird durch Beleihung eines Grundstücks gesichert: _____

_____

LF 14 — Zahlungsverzug

Zahlungsverzug

1
```
Rechnung Nr. 1432        ..-07-25
10 St. Ware XY à 20,00    200,00 €
+ 19 % Umsatzsteuer        38,00 €
Rechnungsbetrag           238,00 €
Zahlung laut Kaufvertrag netto
Kasse
```

Wann hätte die nebenstehende Rechnung bezahlt werden müssen?

Womit droht der Gläubiger für den Fall der Nichtzahlung?

```
Mahnung                    ..-08-14
Leider steht die folgende
Rechnung Nr. 1432 vom ..-07-25
über 238,00 € noch offen. Für
den Ausgleich unserer Forde-
rung setzen wir Ihnen eine
Frist bis zum ..-08-25.

Sollte der Rechnungsbetrag
dann noch nicht eingegangen
sein, sehen wir uns gezwungen,
einen Mahnbescheid gegen Sie
zu beantragen.
```

Durch die Nachfristsetzung beabsichtigt der Gläubiger, den Schuldner der Forderung in Zahlungsverzug zu setzen. Welche Voraussetzungen müssen für den Eintritt des Zahlungsverzuges erfüllt sein?

a)

b)

c)

Welche Folgen ergeben sich durch den Eintritt des Zahlungsverzuges für den Gläubiger neben seiner Forderung auf Zahlung der Schuldsumme?

2
```
Lieferer schreibt: „... sehe
ich mich leider gezwungen vom
Kaufvertrag zurückzutreten.
Eine Schadensersatzforderung
behalte ich mir vor."
```

Auch beim Zahlungsverzug gelten die Regelungen des Lieferungsverzuges, deshalb kann der Gläubiger auch ...

3
```
Im Kaufvertrag war vereinbart
worden:
Zahlung bis spätestens ..-08-10
```

Wann gerät der Käufer der Ware in diesem Fall in Zahlungsverzug?

4
```
Auf einer Rechnung steht der
Zusatz: „Achtung! Gesetzlicher
Zahlungsverzug nach 30 Tagen
ohne Mahnung! (§ 286 Abs. 3
BGB)"
```

Welche Wirkungen hat der nebenstehende Vermerk auf einer Rechnung? (Kreuzen Sie an.)
- [ ] Ein Vermerk auf einer Rechnung hat keine Bedeutung.
- [ ] 30 Tage nach Zugang der Rechnung tritt Zahlungsverzug ein.
- [ ] Für den Zahlungsverzug ist immer zuerst eine Mahnung erforderlich.
- [ ] Die Regelung nach § 286 Abs. 3 BGB gilt nur für Kaufleute.
- [ ] Die Regelung nach § 286 Abs. 3 BGB gilt auch für Verbraucher, wenn ein entsprechender Vermerk auf der Rechnung steht.

Außergerichtliches Mahnverfahren — LF 14

Außergerichtliches Mahnverfahren

1 Das Wesen der kaufmännischen Mahnung

Eine Mahnung ist erforderlich, wenn der Schuldner eine .... Verbindlichkeit .... oder .... bezahlt. Die Mahnung dient in erster Linie dazu, den säumigen Kunden zur Zahlung aufzufordern, erst in zweiter Linie dient sie dazu, den Gläubiger .... zu setzen.

2 Kaufmännisches Mahnverfahren

Steht der Kaufmann mit seinem Kunden in regelmäßigen Geschäftsbeziehungen, so wird er nicht sofort versuchen, sein Geld mithilfe .... einzutreiben. Ein sorgfältig aufgebautes Mahnwesen dient auch der Pflege von guten Geschäftsbeziehungen. Dieses Mahnwesen ist meist mehrstufig aufgebaut:

Unsere Rechnung vom 2. April d.J.
Sehr geehrte Frau Schröder,
wir lieferten an Sie
  diverse Büroartikel zu 240,00 €.
  Zahlungsziel 30 Tage.
Der Rechnungsbetrag steht somit seit dem 2. Mai offen. Wir bitten um baldige Zahlung.

▶ [   ]

Sie soll den Kunden darauf hinweisen, dass noch Zahlungen zu leisten sind. Sie ist rechtlich gesehen ....

Sehr geehrte Frau Schröder,
leider haben Sie unsere Zahlungserinnerung vom 15. Mai unbeachtet gelassen. Wir fordern Sie deshalb zum Ausgleich unserer
  seit dem 2. Mai fälligen Rechnung
  über 240,00 € auf.
Zur Erleichterung der Zahlung werden wir Ihnen eine Postnachnahme zusenden.
Freundliche Grüße

▶ [   ]

Sie ist eine .... Zahlungsaufforderung, die erkennen lässt, dass die Nichtzahlung Folgen haben wird. Durch die Mahnung gerät der Schuldner in .... Weitere Mahnungen stehen im Belieben des Kaufmannes.

☐ EINSCHREIBEN EINWURF   ☐ EINSCHREIBEN   ☐ EIGENHÄNDIG
☐ EIL INTERNATIONAL   ☐ PÄCKCHEN INTERNATIONAL   ☐ RÜCKSCHEIN
☐ NACHNAHME   NACHNAHME-Betrag: Euro, Cent
                         [2 4 0 | 0 0]

▶ [   ]

Vor allem bei kleineren Beträgen erleichtert der Gläubiger hierdurch seinem Kunden die Zahlung der Schuldsumme, da dieser direkt an den Postzusteller bezahlen kann.

Sehr geehrte Frau Schröder,
durch die Nichtbeachtung unserer Mahnung vom 17. Juni sehen wir uns leider gezwungen, zur Durchsetzung unserer Forderung gerichtliche Hilfe in Anspruch zu nehmen. Um dies zu vermeiden, setzen wir Ihnen eine
  letzte Frist bis zum 15. Juli d. J.
Sollten Sie auch diesen Termin nicht einhalten, werden wir gegen Sie einen Mahnbescheid über 240,00 € zuzüglich Verzugszinsen und Mahngebühren beantragen.

▶ [   ]

Der Gläubiger räumt dem Schuldner eine letzte Frist ein seine Zahlung zu leisten und droht an, zur Durchsetzung seiner Forderung die Hilfe .... in Anspruch zu nehmen.
Welches Rechtsmittel droht er in seinem Mahnschreiben an?

LF 14 — Gerichtliches Mahnverfahren

3 Wann ist eine Mahnung entbehrlich?

a Wenn im Kaufvertrag der Zahlungstermin _____ festgelegt war.

b Der Schuldner einer Entgeltforderung kommt nach § 286 Abs. 3 BGB spätestens in Verzug, wenn er nicht _____ Tage nach _____ und _____ der Rechnung bezahlt.

Ist der Schuldner ein Verbraucher, gilt dies nur, wenn darauf in der _____ hingewiesen wurde.

4 Abtretung von Forderungen

Will sich ein Unternehmer nicht um die Zahlungen säumiger Schuldner kümmern, kann er solche Forderungen an ein professionelles Einzugsunternehmen (Factoringunternehmen) abtreten.

Vorteil: _____

Nachteil: _____

Beispiel: _____

Gerichtliches Mahnverfahren

1

Mahnbescheid

Antragsteller, ges. Vertreter, Bevollmächtigter, Bankverbindung
Liefer & Sohn   Postbank München
Wegfeld 27   Konto 8641-800
80455 München   BLZ 700 100 80

macht gegen Sie folgenden Anspruch geltend
Nichtzahlung der fälligen Rechnung Nr. 1432 vom ..-07-25.

| Hauptforderung | Zinsen, Bezeichnung der Nebenforderung |
| 232,00 € | --,-- |

Nebenforderung
--,--

| Kosten dieses Verfahrens | Gerichtskosten | Auslagen, Antragsteller |
| 22,80 € | 12,50 € | 10,30 € |

Gesamtbetrag 254,80 €   zuzüglich der laufenden Zinsen

Der Antragsteller hat erklärt, dass der Anspruch von einer Gegenleistung
☐ nicht abhänge. ☒ abhänge, diese aber erbracht sei.

Das Gericht hat nicht geprüft, ob dem Antragsteller der Anspruch zusteht.
Es fordert Sie hiermit auf, innerhalb von zwei Wochen seit der Zustellung dieses Bescheides entweder die vorstehend bezeichneten Beträge zu begleichen oder dem Gericht auf dem beigefügten Vordruck mitzuteilen, ob und in welchem Umfang Sie dem Anspruch widersprechen.
Wenn Sie die geforderten Beträge nicht begleichen und wenn Sie auch nicht Widerspruch erheben, kann der Antragsteller nach Ablauf der Frist einen **Vollstreckungsbescheid** erwirken und aus diesem die Zwangsvollstreckung betreiben.

Die Firma Liefer & Sohn fordert von der Geschenkboutique am Park mit einem Mahnbescheid die Zahlung für eine Rechnung. Welche Möglichkeiten hat Frau Schröder, darauf zu reagieren?

a Die Forderung wurde zu Recht geltend gemacht:

_____

Folge: _____

b Die Rechnung wurde bereits bezahlt:

_____

_____

Folge: _____

_____

c „Die Sache wird sich schon aufklären, wir unternehmen nichts!"

_____

_____

Gerichtliches Mahnverfahren — LF 14

2 Die Firma Liefer & Sohn in München hat gegen die Geschenkboutique in Nürnberg einen Mahnbescheid erwirkt. Wo musste der Antrag darauf gestellt werden? (Kreuzen Sie die richtige Lösung an.)

☐ Beim Amtsgericht in München ☐ Beim Amtsgericht in Nürnberg
☐ Beim Landgericht in München ☐ Beim Landgericht in Nürnberg

Anträge auf Mahnbescheide werden immer beim .... des .... gestellt.

3 Frau Schröder wird, da sie in der Sache nichts unternommen hat, ein Vollstreckungsbescheid zugestellt. Wie kann sie sich in dieser Situation verhalten und welche Folgen hat ihr Verhalten jeweils?

a Frau Schröder ....

b Frau Schröder ....

c Frau Schröder ....

4 Der Vollstreckungsbescheid ist ein vollstreckbarer Titel, der einem Gerichtsurteil entspricht.

Womit muss Frau Schröder jetzt rechnen? ....

Was geschieht mit den gepfändeten Vermögensgegenständen? ....

Welche Gegenstände darf der Gerichtsvollzieher nicht pfänden?

Unpfändbar sind: ....

Darf der Gerichtsvollzieher auch den Lohn oder ein Grundstück pfänden?

....

LF 14 — Verjährung von Forderungen

5 Hat der Empfänger eines Mahnbescheides diesem (oder einem Vollstreckungsbescheid) widersprochen, so führt dies zu einer mündlichen Verhandlung vor dem Gericht, das sachlich und örtlich zuständig ist.

Welches Gericht ist örtlich zuständig? ....

Welches Gericht ist sachlich zuständig? ....

Womit endet die mündliche Verhandlung? ....

Verjährung von Forderungen

1
> Einrede der Verjährung
>
> Sehr geehrte Damen und Herren,
>
> es steht außer Zweifel, dass Ihre Forderung, die Sie bei mir anmahnen, zu Recht besteht. Allerdings kann ich mich in diesem Fall darauf berufen, dass Ihre Forderung zwischenzeitlich verjährt ist und ich deshalb keine Zahlung mehr leisten werde.

▶ Was versteht man unter dem Begriff „Verjährung"?

....

2 Wann ist eine Forderung verjährt?

a Regelmäßige Verjährungsfrist: Dauer .... Jahre – Beginn: ....

b Besondere Verjährungsfristen

Recht aus mangelhafter Lieferung: Dauer .... Jahre – Beginn: ....

Familien- und Erbrecht: Dauer .... Jahre – Beginn: ....

Urteile, Vollstreckungsbescheide: Dauer .... Jahre – Beginn: ....

Grundstücksrechte: Dauer .... Jahre – Beginn: ....

Verjährung von Forderungen — LF 14

3 Entscheiden Sie, welche Fälle unter die regelmäßige Verjährungsfrist fallen. (Kreuzen Sie an.)

☐ Schadensersatzforderung wegen Mängelrüge
☐ Schadensersatzforderung wegen Lieferungsverzug
☐ Forderung auf Zahlung des Rechnungsbetrages
☐ Forderung eines Arztes auf Honorarzahlung
☐ Urteil nach einer Gerichtsverhandlung

☐ Vollstreckungsbescheid
☐ Klageerhebung wegen Körperverletzung
☐ Forderung auf Zahlung von Zinsen
☐ Forderung auf Mietzahlungen
☐ Rechte aus einem Annahmeverzug

4 Unterscheiden Sie:

| Mängelrüge wegen mangelhafter Warenlieferung vom 18. Februar d. J. | ▶ Wann ist der Anspruch entstanden? ____
Wann beginnt die Verjährung? ____
Wann ist der Anspruch verjährt? ____ |

| Mahnung vom 22. April d. J. wegen Nichtzahlung der Rechnung vom 18. Februar d. J. | ▶ Wann ist der Anspruch entstanden? ____
Wann beginnt die Verjährung? ____
Wann ist der Anspruch verjährt? ____ |

5 Welche Wirkung hat der Erlass eines Mahnbescheides auf die Verjährung von Entgeltforderungen?

```
Mahnbescheid          22. Aug. d. J
Antragsteller, ges. Vertreter, Bevollmächtigter, Bankverbindung
Liefer & Sohn       Postbank München
Wegfeld 27          Konto 8641-800
80455 München       BLZ 700 100 80
macht gegen Sie folgenden Anspruch geltend
```

▶ Durch den Mahnbescheid wird die Verjährung _____

d. h., die Verjährung _____ sich um den Zeitraum der

Hemmung, ebenso bei _____

6 Was geschieht, wenn der Schuldner eine Schuld anerkennt?

| Bitte um Stundung der Schuld
... bitte ich, die Schuld bis zum 31. Dezember d. J. zu stunden. | ▶ Durch ein Schuldanerkenntnis wird die Verjährung _____
_____ d. h., die Verjährung _____

Ebenso bei: _____ |

7 Beurteilen Sie die folgenden Fälle:
(Nichtzutreffendes bitte jeweils streichen.)

	Verzug?	Verjährung gehemmt?
Ein Lieferer schickt seinem Kunden eine Zahlungserinnerung.	JA / NEIN	JA / NEIN
Der Lieferer mahnt einen Geldbetrag ausdrücklich an.	JA / NEIN	JA / NEIN
Ein Schuldner erhält von seinem Gläubiger einen Mahnbescheid.	JA / NEIN	JA / NEIN
Eine Forderung wird vor Gericht eingeklagt.	JA / NEIN	JA / NEIN
Als Zahlungstermin war vereinbart „bis zum 31. Januar d. J.".	JA / NEIN	JA / NEIN
Der Kaufmann hat nicht 30 Tage nach Fälligkeit der Rechnung bezahlt.	JA / NEIN	JA / NEIN

LF 14

Unternehmenskrisen im Einzelhandel

1 Sanierung des Unternehmens

Die Sanierung des Unternehmens verlangt in der Regel keine Opfer der ....
Sie kann erfolgen durch:

a .... durch den/die Eigentümer

b Umwandlung des Unternehmens in eine ....

c .... des Unternehmens durch ....

2 Unternehmensinsolvenz (Insolvenzordnung)

Gründe für ein Insolvenzverfahren können sein:

....

....

....

3 Arten von Insolvenzverfahren

a Die Regelabwicklung: ....

b Das Insolvenzplanverfahren: ....

c Verbraucherinsolvenz für Privatpersonen und Kleingewerbetreibende

Das Verbraucherinsolvenzverfahren erfordert das Aufstellen eines .... durch einen vom

.... benannten .... Gleichzeitig kann eine Restschuldbefreiung mit der

.... erfolgen. Danach

ist er .... auch wenn die Verbindlichkeiten nicht vollständig zurückgezahlt wurden.

Unternehmenskrisen im Einzelhandel — LF 14

4 Regelabwicklung

Besteht keine Aussicht für die Erhaltung des Unternehmens, ordnet das .... die Auflösung des Unternehmens an (Regelabwicklung).

a Alle noch vorhandenen Vermögenswerte ....

b Es wird ein .... aufgestellt.

c Es findet eine .... statt.

Insolvenzverfahren ist ....

danach kann eine ....

.... durchgeführt werden.

5 Insolvenzplanverfahren

Ziel des Inolvenzplanverfahrens ist es, das Unternehmen ....

a Es wird ein .... bestimmt, der das Unternehmen ....

b Einberufung einer ....

c Aufstellung eines ....

d Durchführung des .... durch den ....

e Antrag auf ....

6 Masseverteilung

Die Insolvenzmasse ist das gesamte .... nach der Durchführung des Insolvenzverfahrens.

a Forderungen, die durch Hypothek, Pfandrecht oder Sicherungsübereignung gesichert sind, werden vorrangig bezahlt: ....

b Kosten der Durchführung des Verfahrens (Gerichtskosten, Insolvenzverwalter, Gläubigerversammlung) werden anschließend befriedigt: ....

c Forderungen der Insolvenzgläubiger, die eine Forderung gegen das insolvente Unternehmen angemeldet haben: ....

d Weitere später entstandene Forderungen (Bankzinsen, Kosten der Gläubiger): ....

Beispiel für eine Mindmap zu Aufgabe 2, Seite 36:

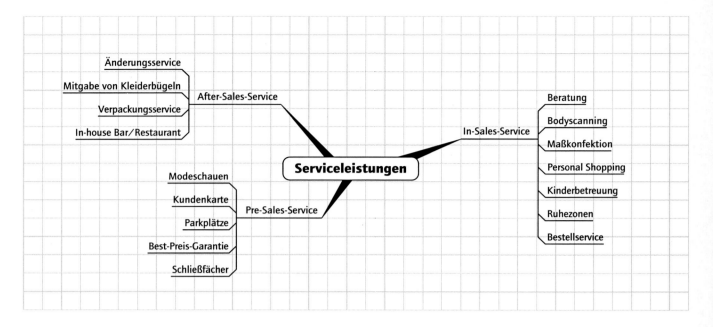